Studien zum sozialen Dasein der Person

herausgegeben von

Prof. Dr. Frank Schulz-Nieswandt

Band 8

Frank Schulz-Nieswandt

Religionsphilosophie und ontologisches Wahrheitsverständnis bei Walter F. Otto (1874-1958)

Eine strukturalistische und psychodynamische Rezeption

Nomos

Die Deutsche Nationalbibliothek verzeichnet diese Publikation in der Deutschen Nationalbibliografie; detaillierte bibliografische Daten sind im Internet über http://dnb.d-nb.de abrufbar.

ISBN 978-3-8487-1511-4 (Print)
ISBN 978-3-8452-5551-4 (ePDF)

1. Auflage 2014

Vorwort

Nachdem ich an verstreuten Stellen (z. B. in Schulz-Nieswandt 2012; 2013), zuletzt in meiner Abhandlung „Onto-Theologie der Gabe und das genossenschaftliche Formprinzip“ (Schulz-Nieswandt 2014) auf den Altphilologen und Religionsphilosophen der altgriechischen Religion Walter F. Otto (1874-1958) Bezug genommen hatte, war es mir ein Wunsch, fokussiert auf Otto meine Rezeptionsweise darzulegen. Hier liegt das Ergebnis vor.

Ich lese Otto, der in dem Jahr verstorben ist, in dem ich geboren wurde, mitunter explizit durch eine strukturalistisch Brille, die ich in vielen vorausgegangenen Studien nutzbar gemacht habe (vgl. etwa auch in Schulz-Nieswandt 2013a). Darin eingebettet lege ich die impliziten psychodynamischen Potenziale im Werk von Otto dar.

Inhaltsverzeichnis

1. Zur Eröffnung: Walter F. Otto und die beschleunigte Moderne 9

2. Das schismatische Thema: Religionswissenschaft oder (pagane) Offenbarungs-Theologie 11

3. Walter F. Otto in der Rezeptionskontroverse 12

4. Wahrheit zwischen Ontologie und Epistemologie 15

5. Walter F. Otto und die Religionsethnologie 17

6. Walter F. Otto und das Christentum 18

7. Walter F. Otto – struktural gelesen 20

8. Walter F. Otto und die autoritäre *doxa* 22

9. Walter F. Otto und der Tanz 23

10. Walter F. Otto und die Romantik des kommenden Gottes 25

11. Walter F. Otto und Dionysos 27

12. Walter F. Otto und die Maske 30

13. Mythos und Psychodynamik 33

14. Psychodynamik der Figur des Hermes 34

15. Walter F. Otto und Orpheus 37

16. Apollon, Artemis und Geschlechterordnung 39

17. Imagination dualer Geschlechtermerkmalsordnung und christliches Weltbild 43

18. Männlichkeit des Logos 45

19. Ontologie der religiösen Erfahrung jenseits der Religionswissenschaft und die Seins-Tiefe der Musik 47

20. Apollon als Inbegriff des gelingenden Daseins 48

21. Nochmals zur Musik 50

22. Das Denken der Alterität 52

23. Humanismus und *Dritter Humanismus* 54

24. Ontologie des Gefüges von Liebe, Mut, Macht und Gerechtigkeit 56

25. Mythopoetik als Seins-Vergewisserung 58

26. Magie der Form 61

27. Ausklang: Das doppelte Labyrinth, Verstiegenheit des Ikarus, Prometheus und die Humanität *in* der Welt 64

Literaturverzeichnis 67

1. Zur Eröffnung: Walter F. Otto und die beschleunigte Moderne

Walter F. Otto spricht den Menschen in der Moderne an. Vorausgesetzt werden muss dazu, dieser moderne Mensch, seit dem Beginn der Moderne[1] in der (expressionistisch reflektierten: Göhler 2011; Steiner 1993) existenziell entfremdeten epochalen Situation stehend, öffnet sich seiner Sicht der Dinge. Walter F. Otto (1956, S. 29 f.) konstatierte, der innere Adel des Menschen ginge durch die pathologische Eile und Hetze verloren (S. 30).

Dies ist eine interessante Einstellung, schaut man sonst auf die aktuelle Soziologie der beschleunigten Zeiterlebnisse des flexiblen Sozialcharakters in der Kultur des neueren Turbo-Kapitalismus.

Dieser Situation ist mit Strässle (2013) die Gelassenheit als einer existenziellen Offenheit (S. 13) gegenüber das, „was einem begegnen kann", gegenüber zu stellen.

Die Gelassenheit ist eine Sehnsuchtshaltung insbesondere der Gegenwart, da in dieser die Erschöpfung und Überbordung mit Belastungen spürbar ist. Ansonsten ist sie eine Haltung, die in allen Kulturen möglich ist. Strässle entfaltet dazu phänomenologisch eine Fülle von Variationen und Ambivalenzen. Im Kern geht es immer um eine Dialektik von Zu- und Abgewandtheit, von Aktivität und Passivität, die nie Ignoranz bedeutet. Es geht um Selbst-Vergewisserung durch die Auseinandersetzung mit sich selbst und der Welt, womit die Analyse nahe an Plessners Theorem der exzentrischen Positionalität ist (S. 117). Dies ist „Arbeit am Ich" (S. 45), somit Erfahrung der eigenen Kreatürlichkeit und immer nur begrenzten Autonomie (S. 46).

Sein(sgewißheit) ist dann erhabener als Haben und Tun. Das Ich soll nicht an sich selbst verfallen. Dann, so füge ich an, ist es auch kein Selbst, sondern nur ein Ich, ohne Konstituierung als MICH.

In der Umkehrung kristallisiert sich der Zynismus angesichts des sozialen Elends heraus (S. 71). Die Problematik wird auf unser Thema dann bezogen, wenn Strässle als Kontext der modernen Gelassenheits-Sehnsucht das „Zeitalter der Nervösität" (S. 104) aufgreift. Dabei geht es nicht um Technik-

---

1 Ich werde in einer größeren Monographie über die *öffentliche Daseinsvorsorge im Lichte der Großstadtkritik der klassischen Moderne* (Schulz-Nieswandt 2015) diese Sicht breiter entfalten.

feindlichkeit, auch daher nicht um Ablehnung, wohl aber um kritische Distanz (S. 118). Bei Strässle ist daher Wahrheit nur als das Ganze zu haben.

2. Das schismatische Thema: Religionswissenschaft oder (pagane) Offenbarungs-Theologie

In der Religionstheorie von Walter F. Otto – von Henrichs (1985-1990, S. 117) als „Gestalttheologe" und als „radikalste Theologe des modernen Heidentums" (S. 122) bezeichnet – kulminiert dies mit ausgeprägten Anmutungsgehalt.

Dieses Spannungsverhältnis begleitet die ganze Otto-Rezeption und ist Teil der Selbstpositionierung von Otto. Es wird noch zu zeigen sein, wie sich Otto von der Religionswissenschaft abgrenzt, weil er in der wissenschaftlichen Interpretation der altgriechischen Religion eine Verunmöglichung einer authentischen Zugangsweise zum Gegenstand begründet sieht.

Damit betreibt er in der Tat pagane Offenbarungstheologie. Einerseits. Andererseits verlagert sich die Frage nunmehr auf die nach dem Wissenschaftsstatus von Theologie.

Otto kann als Hermeneutiker der altgriechischen Religiösität verstanden werden. Hermeneutik wiederum ist Alltagspraxis und wissenschaftliche Methode zugleich. Damit bleibt der Status der Arbeiten von Otto zwischen Wissenschaft und Theologie in hybrider Weise offen.

3. Walter F. Otto in der Rezeptionskontroverse

Das Werk von Walter F. Otto – ich verweise hier zentral auf Otto (1955) – ist kontrovers. Immer schon in gebildeten Kreisen breit rezipiert, der Form nach in seinen Hauptwerken vom performativen Design der Standardwissenschaft und in seiner Herkunft u. a. bei Karl Usener (1834-1905)[2] abgewichen. Klar ist, dass er auch anders konnte, wie seine Abhandlung über die „Manen" als Kritik an Erwin Rohdes (1845-1898) „Psyche" (Rohde 1910) zeigen konnte (Otto 1976).

Innerhalb der Wissenschaft haben ihn wohl nur wenige richtig verstanden, etwa Karl Reinhardt (1886-1958: vgl. Reinhardt 1960, S. 377 ff.) oder Wolfgang Schadewaldt (1900-1974 – vgl. verstreut in seinen Tübinger Vorlesungen[3])[4]. Aber auch Henrichs (1985-1990, S. 139 ff.) hat sich bemüht; und er ist vor allem explizit von Kerényi (1963) gewürdigt worden, kurz auch bei Böschenstein (2005), ebenso bei Simon (1998) und ist berücksichtigt worden bei Ries (2000).[5]

---

2 Zu Usener siehe auch in Espagne/Raubault-Feuerhahn 2011.

3 Auch in Schadewaldts Darlegungen der homerische Gleichniswelt und der Homerischen Naturanschauung (Schadewaldt 1944, S. 130 ff.) wird eine Ontologie deutlich, die der Sicht Ottos entgegenkommt: Homers Welt ist eine Welt der „*Seins- und Wirkungsweisen, Geschehensweisen und Wesensarten*" (S. 146; kursiv auch im Original).

4 Auf den ich gerne in früheren Schriften (vgl. in Schulz-Nieswandt 2013) zurückgegriffen habe. Vgl. auch Szlezák 2005.

5 In der modernen Philosophie Mythos findet er (bei Angehrn [1996]) kaum oder (bei Jamme [1999]) wenig Erwähnung, anders die Aufarbeitungen von Cancik (1998, S. 139 ff., 165 ff.), wenngleich ich die Akzentuierungen der Cancik-Einleitung durch die Herausgeber weniger nachvollziehen kann.

Meist wird ihm jedoch Unwissenschaftlichkeit, ja Irrationalismus[6] vorgeworfen.[7] Manche Darstellungen sind gelehrt und dennoch überzogen (Wessels 2003, S. 185 ff.), andere ebenso gelehrt und dennoch deutlich ausgeglichener (Leege 2011); dies gilt auch für Schlesier (1995, S. 348 ff.; vgl. auch in Schlesier 1994).

Im Lichte einer Rezeptionslinie, die Anleihen einer neuen Ontologie und Hermeneutik bei Heidegger und Gadamer macht, sehen die Dinge – entgegen eines flachen Irrationalismus-Vorwurfs – bei tieferer Betrachtung anders aus. Der Verzicht auf Fußnoten kann nicht die zentrale Argumentationsbasis sein; dass ist z. B. aus der Kritischen Theorie auch mit Blick auf das Design bekannt. Der poetische Darstellungsstil sollte auch nicht entscheidend sein; in Frankreich ist eine ausgeprägte Nähe zwischen Literatur und Wissenschaft (Lepenies 2006) oftmals üblich, dort wurde Otto daher auch positiver rezipiert (Henrichs 1985-1990, S. 138 (auch FN 75 S. 157). M. Detienne[8] hat die französische Übersetzung von Otto's „Götter Griechenlands" eingeleitet.[9]

---

6 Es gibt gute Gründe, unter Irrationalität nicht den Gegensatz zur Rationalität zu verstehen. Das Irrationale ist, folge ich religionsphänomenologisch Rudolf Otto, etwas Höheres, eben das ganz Andere. Logos und das ganz/radikal Andere stehen sich antinomisch gegenüber und spiegeln somit die Ontologie des Ganzen in ihrer Zerrissenheit und Gegenüberstellung aus. In der griechischen Tragödie ist dieses Stilgesetz verankert. Das Apollinische und das Dionysische, das Nietzsche unter Rückgriff auf Traditionslinien der vorgängigen romantischen Altertumsforschung des 19. Jahrhunderts in Deutschland uns als kollektives Deutungsschema vererbt hat, muss in dynamischer religions- und kulturgeschichtlicher Sicht so gelesen werden, dass von einer Vorgängigkeit des Dionysischen (als die wilden Ursprünge der Kultur) auszugehen ist; das Apollinische ist jünger und lässt sodann auch das Ältere ins sich aufgehen. Das Apollinische ist die Lichtung des Daseins, nicht aber, über die Metamorphosen des Orpheus, ohne den wilden Kern in sich aufnehmend und verarbeitend.

7 Mitunter wird eine (eher marginale) Partizipation am George-Kreis angesprochen. Bei Karlauf (2008) findet sich kein Hinweis, ausgenommen ein Hinweis der Verlobung von Otto's Tochter Eva mit Max Kommerell (FN 17 S. 754).

8 Auf Detienne's Abhandlung über Dionysos geht Gernet (1981) in einem Kapitel zu Dionysos ein (S. 48 ff.).

9 Religionswissenschaftsgeschichtlich ist an Friedrich Creuzer (1771-1858) zu erinnern. Dazu auch Engehausen/Schlechter/Schwindt 2008. In seinem vierbändigen Werk „Symbolik und Mythologie der alten Völker" (in verschiedenen, überarbeiteten Auflagen) hat er die Rolle der Intuition in der poetischen Dimension der wissenschaftlichen Altertumskunde betont und mit der Betonung der orientalischen Wurzeln der europäischen (christlichen) Kultur heftige Abneigungen produziert.

Und ich könnte Henrichs (1985-1990, S. 137) Hinweise zur oftmals zyklischen statt linearen Wachstumsdynamik der Wissenschaft zum Anlass nehmen, um als überholt geltende Sichtweisen wieder aktualisierbar zu machen. Henrichs nennt Walter F. Otto und Karl Kerényi sowie Walter Burkert und Jean-Pierre Vernant. Obwohl methodologisch und inhaltlich konträr, beleuchten sie fruchtbar den Raum der griechischen Religion ertragsreich aus.

4. Wahrheit zwischen Ontologie und Epistemologie

Die Stilaspekte reflektieren bei Otto eher einen anderen Sachverhalt. Gemeint ist die Abwendung von der epistemologischen Richtung von Wahrheitsauffassung; und zu begreifen ist die Hinwendung zur ontologischen Wahrheitsauffassung. Es geht nicht um den wissenschaftlichen Test der empirischen Treffsicherheit von Theorien, sondern um die Erfassung der Daseinsqualität von Wirklichkeitsgebilden aus der Sicht der Gestaltfindung menschlicher Existenz.

Es geht um das *wahre* Sein aus der Sicht des zu seinem Wesen gelangenden Menschen in dessen Daseinsführung, was hermeneutisch erschlossen werden soll, nicht um Wissenschaft als hermeneutische Methode im Kriterienspektrum zwischen Verifikation und Falsifikation von Hypothesen mittels Protokollsätzen über die Realität, unabhängig von der Relevanz der erforschten Gebilde für die Gestaltwahrheit des Menschen.

Wahrheitskriterium der ontologischen Sicht der Dinge ist das Gelingen des menschlichen Seins, was immer dann der Fall sein dürfte, wenn der Mensch im Anderen bei sich selbst ist, die duale Zerrissenheit von Subjekt und Objekt überwunden ist zu einem Ganzen. Es ist *Eros* im Sinne des plantonischen *Symposiums*, wo über eine lange Geschichte hinweg das Getrennte wieder vereinigt wird zu einer Wahrheit, die erfülltes Sein bedeutet.

Diese Sehnsucht nach dem Ganzen als dem Wahren ist in vielen geschichtsphilosophischen Deutungsparadigmen (vor allem des klassischen deutschen Idealismus) bekannt. Hier ist die Sicht der Problematik aber nicht eschatologisch im Fluss der historischen Zeit ausgelegt, wo die Linearität des Fortschritts doch wieder zyklisch mutiert als, um an Walter Benjamin anzuschließen, Erlösung im Sinne einer Erfüllung der Erwartung als Erinnerung an einen geträumten Traum, der im Mythos eines goldenen Zeitalters (des Garten Eden[10], des Urkommunismus oder des Matriarchats) verankert wird. Hier leitet keine Eule der Minerva, egal, wie die Sequenz von Nacht und Tag gelesen wird, den großen Wandel in der Gattungsgeschichte ein.

10 Vgl. Vorgrimler (2008). Zum Paradiesgarten als Ursprung der menschlichen Existenz als befreite wie als gefesselte (gestrafte/schuldhafte) Existenz: Kerényi 1998, S. 233 in Bezug auf Zeus und die menschliche Existenz.

Vielmehr geht es um die raum-zeitlose Frage nach der gelingenden Psychodynamik des Menschen in seiner Welt, in der er lebt.

5. Walter F. Otto und die Religionsethnologie

Konkret auf einzelne Sichtweisen bezogen, kann man bei Otto durchaus je nach Punkt unterschiedlicher Meinung sein.

Seine Ablehnung des Evolutionismus in der ethnologischen Sicht auf primitive Kulturen ist sympathisch; seine Ablehnung ethnologischer Komparatistik beim Verstehen der altgriechischen Religion und Kultur ist dagegen, richtig verstanden und angemessen genutzt, sicherlich ein Nachteil, ein Verzicht auf daseinshermeneutische Chancen.[11]

Seine Binärismen in Bezug auf die Geschlechtermerkmalsordnungen sind zwar als diskursive und praktische Klassifikationssysteme kulturgeschichtlich und kulturvergleichend ubiquitär, müssen normativ aber heute als problematisch ausgelegt werden. Auch schon Bachofens Position war diesbezüglich keine ungebrochene Begeisterung für das (mythische) Mutterrecht, sondern eine numinose Haltung (vgl. auch in Schulz-Nieswandt 2013, auch in 2012).

---

11 Ich habe bereits in früheren Arbeiten auf Mannhardts Studien zu den Wald- und Feldkulten verwiesen. Zuletzt habe ich auch seine anderen Studien mit Gewinn studiert (Mannhardt 1998; 2010; 2010a).

6. Walter F. Otto und das Christentum

Gegenstand extrem kontroverser Debatten ist Ottos Kritik des Christentums, auf die ich auch schon an anderer Stelle positiv eingegangen bin (vgl. in Schulz-Nieswandt 2013, S. 63 f.).

Im Prinzip wurzelt diese Kritik bei Nietzsche in einer mehrfachen Weise, die zugleich nochmals deutlich machen kann, wie verantwortungsvoll Nietzsches Position ist. Gott ist Tod – und in die Lücke muss der Mensch mit einer menschlich kreierten Moral füllend eintreten, ohne die Fundierung unkritisch einfach aus den Traditionen übernehmen zu können. Das verlangt „Übermenschliches" vom Menschen – daher die Geburt des Übermenschen bei Nietzsche.[12] Auch für Otto ist Gott – jedenfalls in der institutionellen Form der autoritären Anstaltskirche – tot. Aber anders als Nietzsche füllt Otto die Lücke mit neuer religiöser Erfahrung, die er seiner Hermeneutik der altgriechischen Religion entnimmt und sie dort als urtypisch verwirklicht sieht.

Schlesier (1995, S. 351) legt Otto neopagan-offenbarungstheologisch aus. Damit liegt er positioniert auf einer Entwicklungslinie (von William

---

12 Wenn Gott tot ist (ja, vom Menschen selbst im Lichte seiner Aufklärung ermordet worden ist), dann bricht die seelische Einbettung des Menschen in der geschlossenen Welt der natürlichen Ordnung unter dem zerplatzten himmlischen Baldachin zusammen, das Ich zerbröckelt, weil die Welt, in der der Mensch bislang eingelassen war, dissoziiert. Auch dies ist Teil einer „Dialektik der Aufklärung". Nun muss der Mensch in diese Lücke des verloren gegangenen Gottes springen. Genau dies erfordert vom Menschen das Hineinwachsen in einen Status des „Übermenschen". Die Geheimnisse des Kosmos sind im Lichte der neuzeitlichen Wissenschaft zunehmend entschlüsselt worden; und im Zuge dieses Wissens- und Erkenntnisgewinns hat sich der Mensch selbst verloren. Es ist dies der Verlust des Sinns als Geborgenheit im immer schon vorgängigen Sein als göttliche Fügeordnung. Jetzt muss der Mensch in dieser Lücke selbst Sinn erzeugen. Der Mensch erfährt sich als *homo abyssus* und muss zum *homo viator* werden. Was bei Theodor W. Adorno kulturkritisch in fundamentaler Weise und zugleich in zeitgeschichtlich/gesellschaftsbezogen verengter Art entlarvt wird als Party und Tanz am Abgrund (Friese 2011, S. 148) der Welt, ist in dieser Nietzsche-Traditionslinie die schmerzhafte Erfahrung der ontologischen Tiefe der Lücke, in die die technische Aufklärung den Menschen kulturell und letztendlich seelisch im Sinne einer personalen (hier nun eben ent-personalisierten) Erlebnisgeschehensordnung fallen ließ.

James, Rudolf Otto bis hin zu Wolfgang Leidhold[13]), die Religion in erster Linie als Religiösität im Sinne religiöser Erfahrung versteht.

13 Vgl. aber auch Guardini 1940, S. 4 ff.

7. Walter F. Otto – struktural gelesen

Die ganze Eigenart des Denkens von Otto kommt in dem komplexen inneren Verhältnis zu Heidegger und Hölderlin zum Ausdruck, wie von Stavru (2001; 2002) dargelegt.

Dabei ist es methodologisch wichtig, meine Sicht der Dinge als Mischung einer statischen

([:] = [:]

thematisierend) und einer dynamischen

([:] → [:]

thematisierend) strukturalen Methode heraus zu verstehen.[14]

Dies ist vor allem dadurch notwendig, dass der Dualismus des[15] Apollinischen (a) und des Dionysischen (d) in der weiteren Geisteskulturentwicklung jeweils unterschiedlich akzentuierte Dominanzrelationen eingehen kann:

$$\{a \leftrightarrow d\} \rightarrow (a > d) \leftrightarrow (a < d).$$

---

14 Eine solche psychodynamische Sicht kann auch *Stavru* (2002) entnommen werden. Heideggers „Grundstimmung des Dichters" verweist psychodynamisch auf das Offen-Sein für Entwicklungen (angesichts des *kommenden Gottes*), die aus der Trauer über die abwesenden Götter und der damit verbundenen Verluste an Seinserfahrungstiefe resultieren, ohne in Stagnation zu münden, sondern sogar schöpferisch-stiftende Kräfte erneut/neu freisetzen: eine eigentümliche Dialektik von Abfinden mit den Verlusten einerseits und Kreativität andererseits.

15 Ich kenne natürlich die ganze ambivalente Entwicklungs- und Rezeptionsgeschichte dieser Problematik (vgl. auch Dörr 2007.) In vorausgegangenen Publikationen habe ich bereits die Spuren aufgegriffen und im Kontext meiner Fragestellung andersartig integriert. Das gilt für die Art, wie ich Bachofen u. a. rezipiert habe. Auch die herausragende Aufarbeitungs- und Reflexionsliteratur, etwa von Manfred Frank (1982; 1988), ist dort eingegangen. Vgl. auch in Schulz-Nieswandt 2013. Vgl. vor allem auch Dörr 2007. Filter meiner spezifischen Rezeption- und Nutzungsweisen dieser ambivalenten Literaturtradition ist die französische Ethnologie und Altertumskunde, die struktural Dualismen aufdeckt, die auch Bausteine eines anthropologischen Schlüssels für das Verständnis des modernen Menschen in seiner modernen Gesellschaft und Kultur ist, womit ich konstatiere, dass das Archaische tief eingeschrieben ist in der Moderne, die nie rein modern war.

Dann kann das Problem als solches der Transformation statischer Binärismen verstanden werden, dergestalt, dass:

Natur (das Wilde) : geistiger Geist (Logos)
=
Natur : leibliche Gestalt (als Ordnung des Tanzes).

Dort, wo das Dionysische im apollinischen Licht bewahrend eingefangen wird, herrscht das rechte Maß, die *Sophrosyne*. Dies ist in Hölderlins Elegie „Brod und Wein“ (vgl. in Kreuzer 2011, S. 327 ff.) gegeben und wirksam. Dort kommen der Weingott (Dionysos: Hamdorf 1986; Philipp 2014) und Christus zusammen, die Nacht und der Tag, die traurige Erinnerung an das Vergangene und die Erwartung an das kommende Neue.

Für Hölderlin war die Theologie der Abwesenheit Gottes als überweltliche Präsenz der Verlust der Gotteserfahrung des diesseitig verankerten Menschen (Hörisch 1992, S. 200 f.). Himmel und Erde müssen vielmehr wieder eine Vereinigung feiern (S. 203). Die Antike wird als eine von Götternähe (vgl. in Kreuzer 2011, S. 330) charakterisierte Zeit von Hölderlin verstanden und erneut (der „kommende Gott“) ersehnt.

8. Walter F. Otto und die autoritäre *doxa*

Walter F. Otto hat darlegen können (vgl. auch in Schulz-Nieswandt 2013, S. 63), wie die Menschen diese Verstümmelung der Theologie und Kirche des Christentums zu verdanken haben. Seine Abhandlung „Der Geist der Antike und die christliche Welt" von 1923 ist eine fundamentale Kritik und entsprechend kontrovers aufgenommen worden (Otto 1923).

Ich will die Schrift hier auch nicht paraphrasieren. Glänzend formulierte Passagen müssten hierzu ausführlich zitiert werden. Es geht ihm um die Kritik des christlichen Nexus von Gehorsam, Selbsterniedrigung und Demütigung des Menschen. Und auch Werner Jaeger (2009, S. 202; kursiv auch im Original) hält fest: „Der Begriff der *auctoritas*, der später für die Haltung der Kirche in Glaubensfragen so entscheidende *Bedeutung* erhalten sollte, fehlt dem griechischen Denken."

Für Otto ist Seinswahrheit nicht in Form autoritär verordneter *doxa* in Schriftform zu haben. Eher im Erfülltsein vom Sein im Durchatmen und Einatmen der Aura des Göttlichen erfährt sich der Mensch wieder in seiner Seinsganzheit. Diese ist Offenbarung in der Epiphanie des Göttlichen (Otto 1956a) in der komplexen Sinnlichkeit des Menschen, die die Abwesenheit des Göttlichen anwesend macht.

Wenn Pans Flöte (Vernant 1988, S. 46 ff.) das Zirpen der Zikaden in den Olivenhainen durchdringt, dann kündigt sich diese Seinsgewissheit des nicht mehr zerrissenen und wieder vereinten Ganzen an.

9. Walter F. Otto und der Tanz

Daher (vgl. dazu auch Kerényi 1996, S. 197 ff.) ist auch Ottos Begeisterung für die Bedeutung des Tanzes (allgemein anthropologisch vgl. auch Günther 1962[16]; vgl. auch Burkert 2011, S. 161 f.; Henrichs 1996[17])[18] verständlich.

Für Otto ist im Lichte seiner Vorstellung von Begegnung in der Offenbarung der Götter der Tanz eine Art von Ekstasetechnik, ohne wirklich im Modus einer utilitaristischen Technik aufzugehen. (Er ist an die klassische psychoethnologische Schamanenforschung zu erinnern.)

Der Mensch inszeniert im Tanz (oftmals in Einheit mit dem Gesang) seine eigene Transgression zum Anderen – funktional äquivalent zur Kult-Maske. Es ist interessant, dass Günther (1962, S. 134 ff.) in Anlehnung an die (kulturwissenschaftliche, heute im Lichte post-kolonialer De-Konstruktion umstrittene) binär angeordnete abend- und morgenländische Raumvorstellung von Leo Frobenius[19] (Petermann 2004, S. 611 ff.) – insgesamt ein wichtiger

---

16 Vgl. aber auch z. B. Louppe 2009; Bischof/Rosiny 2010.

17 Zu den Reigentänzen im frühen Griechenland vgl. Tölle 1964. Wunderschön der Band von Weege 1976.

18 Vgl. Otto 1956, aber auch in Otto 1963a, S. 217 ff. Otto fasst dieses Phänomen in Kategorien von Entzückung und Lächeln (S. 24) sowie von Ergriffensein (S. 40). Für Otto ordnet sich der Tanz in die Erfahrung der offenbarten „Urmusik des Seins", „die den menschlichen Gesang und die Sprache hervorgerufen hat." (S. 45), ein. (Gerne wüsste ich, was Otto wohl zu „Der Tanz" [1909] von Matisse [vgl. in Tesch/Hollmann 1999, S. 23 f.] gesagt hätte.) Onto-theologisch – und hier sehe ich durchaus kategoriale Parallelen zur existenzialen Theologie bei Peter Wust, Gabriel Marcel oder Jean-Luc Marion – argumentiert Otto mit Anrufung (S. 21, die ein „Anleuchten" des zum Himmel ausgerichteten menschlichen Blicks meint [S. 28]), mit „Bewegung" (S. 22). Und ebenso im Sinne der Kategorien einer existenzialen Theologie argumentiert Otto (1963a, S. 219) mit einer „Antwort" – allerdings nicht eines (christlichen) Gottes, sondern als „Ruf" des Kosmos. Eine Nähe zum Existenzialismus sehe ich bei Otto durchaus auch dort, wo er das Humane gerade als Einheit von Liebe, Begierde und Not fasst (Otto 1963a, S. 302).

19 Hier ist Frobenius (1953) „Paideuma" intensiv heranzuziehen. Seine Darlegungen zum okzidentalen und orientalischen Raumverständnis sind geradezu psychodynamisch zu verstehen; es geht um Weite und Enge, Offenheit und Höhlenorientierung (Frobenius 1953, S. 84 ff.). Raum und Seele in ihrer Typusbildung korrelieren. Eine Parallele findet sich in Lepenies' Abhandlung (Dissertation) über „Melancholie und Gesellschaft", wo er die Dynamik zwischen Enge und Weite, Offenheit und Ver-

Bezugspunkt auch für Walter F. Otto (vgl. auch in Heinrichs 1998) – in der jeweiligen Orientierung auf Weite/Öffnung und Enge/Geschlossenheit eine Synthese sieht, die, psychodynamisch gesehen, beides zur gleichgewichtigen Einheit treiben kann. (Diese Psychodynamik der Offenheit und des Reisens[20] als Grenzüberschreitung werde ich an anderer Stelle gesondert abhandeln.)

---

schlossenheit in Rekurs auf die ältere Psychiatrietheorie (vor allem mit Bezug auf Hubert Tellenbach's Raum-Analyse [vgl. auch Tellenbach 2011] im Formenkreis von Melancholie und Depression) analysiert (Lepenies 1998, S. 159 ff., S. 207 ff.). Ansonsten hat die klassische daseinsanalytische Psychiatrie im Formenkreis des Manisch-Depressiven vor allem auf das Zeiterleben abgestellt.

20 So wird – metaphorisch – das Leben, wie schon im Mythos des *Odysseus*, mythopsychologisch gelesen (Valcarenghi 1998), zur Reise als Selbst-Findung (mittels Wandlungen: Clarus 1997), zur Reise in die Ferne als Rückkehr in die Heimat.

10. Walter F. Otto und die Romantik des kommenden Gottes

Natürlich bleibt diese Erfahrbarkeit der Durchdringung des Seins durch die Aura[21] des Göttlichen wohl der Mehrheit des aktuellen Menschen fremdartig; und eine Verwurzelung in einer leidenden Romantik des modernen Ichs, wie sie bei Otto in einer spezifischen Hölderlinrezeption (Kreuzer 2011) vermittelt wird, transportiert diese Romantik (vgl. auch Schlesier 1998). Typisch mag auch hierbei eine gewisse Vermischung mit religiösem Naturerleben sein.

Religiösität erhält damit aber auch wieder eine tiefere leibliche, alle Sinne ansprechende Daseinsqualität, die für Otto wohl eben auch (in der Körperfeindlichkeit) im Christentum verlorengegangen ist.

---

21 Im Lexikon „Benjamins Begriffe" ist Benjamins Begriff der „Aura" entfaltet worden (Fürnkäs 2000), auch in Querverschachtelung zu anderen Begriffen dort. Kultur- und religionsgeschichtlich liegt der Ursprung im religiösen Kult; die auratische Daseinsweise ist in diesem Ursprung also an der Ritualfunktion gebunden. Vor diesem Hintergrund ist die weitere Geschichte eine solche des Aura-Verlustes. In verzerrter, entfremdeter Form kommt die Sakralität im Warenkonsum und in den Orten des Massenkonsums zum Ausdruck; in den Weltausstellungen sah Benjamin die Wallfahrtsstätten des Warenfetischismus. Diese religionsphänomenologisch anmutende Kulturdiagnose macht sich bei Benjamin am „Großstadtelend" topographisch fest. Benjamin fragt sich nun, ob mystisch und messianisch in dieser elenden Welt nicht doch noch Formen authentischer Aura-Erfahrung möglich ist. Dieses geschichtsphilosophische Denken der „Aura" wird erst im Lichte von Benjamins Begriff des „Erwachen(s)" vollauf verständlich. Erwachen ist nun und in diesem Lichte Grenzüberschreitung aus dem Dunkeln in die Erhellung, also transgressive Ekstase, womit ein Bezug zu Georges Bataille (1897-1962) denkbar wird. Im Zentrum steht somit das Denken der „Schwelle", die es zu überschreiten gilt. Schwellen sind eben keine Grenzen (Zill 2008), die eher dem „Deich" als Schutz vor der Überschwemmung durch das gefürchtete Hochwasser entsprechen, sondern Übergangsräume (vgl. auch Görner 2001). An ihnen macht sich, psychologisch gesehen, Persönlichkeitswachstum (statt „blockierter Individuation") fest, da das Überschreiten als Prozesse der Öffnung und der schöpferischen Aneignung von Möglichkeiten zu verstehen sind.

Tanz (anthropologisch[22]: Günther 1962)[23] und Musik (anthropologisch: Dobberstein 2000) erhalten und entfalten tiefere Bedeutung als es im kanonischen Schematismus und in der doxischen Artifizialität der kirchlichen Liturgie möglich ist. Hölderlin praktiziert hiermit eine erinnerende Imagination – und der Dichter wird zum „Priester des Dionysos" (woran sich eine eigene komplexe Kontroverse in der Forschungsliteratur anschließt).

Letztendlich verkörpert diese Mythopoetik des religiösen Daseinserlebens mehr philosophische Anthropologie als es in dem autoritär belehrenden Schriftreligionen des anstaltskirchlichen Monotheismus möglich und faktisch der Fall ist.

---

22 In früheren Publikationen habe ich neuere Forschungsliteratur zur Anthropologie des Tanzes nur kurz verweisend aufgenommen. Anlass war mein Eindruck, Parallelen zwischen sozialen Interaktionsgeschehensordnungen einerseits und choreographisch angeordneten Tanzinszenierungen andererseits im Rahmen der Tradition einer in theaterwissenschaftlichen Kategorien agierenden Soziologie erkennen zu können.

23 In der Person des Schaffens von Isodora Duncan (1878-1927) hat der freie, auf Ausdruck abstellende freie Tanz revolutionär gewirkt für die weitere Tanzgeschichte des 20. Jahrhundert. Ihr bewegtes Leben (Niehaus 1981), wobei die komplexen sozialen Interaktionen als Figurationen psychisch labiler Systeme dramatisch und letztlich tragisch erscheinen müssen (zur Duncan-Jessenin-Beziehung: Stern 1996), kann heute rückblickend systematisch eingeordnet werden und verstehend beurteilt werden im Lichte der epochalen kulturgeschichtlichen Krisen im Zuge der wirtschafts- und sozialgeschichtlichen Wandlungen vom 19. zum 20. Jahrhundert (Soyka 2012). Eine kritische De-Konstruktion der Beziehung zwischen Absichten und Griechenphantasma bei Duncan einerseits und der frühen Sowjetunion andererseits findet sich bei Stüdemann 2008. Kritisch auch aus Sicht der Forschung impliziter Weiblichkeitskonzepte: Meinzenbach 2010.

11. Walter F. Otto und Dionysos

Zunächst ist die eigenständige Monographie von Otto über Dionysos[24] (Otto 1996, S. 11 ff., 110 ff.) auch deshalb relevant, weil er dort in zwei längeren Textpassagen seine methodologische Position in kritischer Auseinandersetzung mit den wichtigsten zeitgenössischen Forschungsrichtungen der Religionswissenschaft und Ethnologie darlegt (vgl. auch Otto 1962, S. 366 ff. mit Bezug auf die Gabe- und Opferforschung in der vergleichenden Religionswissenschaft, u. a. auch in der Religionsphänomenologie).[25]

Außerdem wird deutlich, dass Otto, auch wenn der Dionysos als das Fremdartige (angesichts der *eigentlichen Eigenart* der griechischen Religion in dem alles aufhebenden Apollon) angesehen wird, die damals verbreitete[26] (und später dann im Lichte der Übersetzung der mykenischen Linear-B-Schrift endgültig verworfene) These des nicht-griechischen Charakters

24 Dessen Rezeptionsgeschichte natürlich vielgestaltig ist: Baeumer 2006.

25 Im Werk von Otto findet man viele maßgebliche Referenzen angeführt. Ich möchte hier nicht alle aufführen; in anderen Arbeiten von mir sind sie alle produktiv eingearbeitet worden. Mein Interesse für Otto bedeutet nicht, dass ich seine Gestaltlehre als Wesensschau nicht dennoch verbinde mit der üblichen empirisch fundierten theoriegeleiteten Anthropologie/Ethnologie. Dazu gehören z. B. auch Studien zu den Vegetationsreligionen (vgl. zum Alten Testament auch Müller 2008), die Otto als Vereinfachungen und den „griechischen Geist" nicht treffend ablehnt. Vgl. etwa Mannhardt (1904). Dennoch ist die vegetative Welt in Otto's Hermeneutiken zu Dionysos, Orpheus, Hermes, Artemis, den Musen etc. immer präsent. Auch die Studien von Karl Meuli (1891-1968), zu dem das Nachwort von Franz Jung (zugleich dessen Dissertation) zum zweiten Band der „Gesammelten Schriften" (Meuli 1975) methodologisch Aufschluss gibt, sind eigentlich für die Hermeneutik nutzbar. Ebenso der von Otto kritisierte Nilsson (u. a. Nilsson 1995). Doch auch Meuli zitiert den ganzen Kreis der damaligen Ethnologie und Religionswissenschaft und ist auch Useners Philologie zugeneigt. Daher findet Otto auch hier keinen Zugang. Einerseits. Andererseits ist die methodologische Abgrenzung von Otto zur empirischen Religionswissenschaft ambivalent und erinnert mich mitunter an Kontroversen zwischen einer rein-theologischen Hermeneutik der Bibel einerseits und einer sozialgeschichtlichen Exegese, die ethnologisch externe Evidenz nutzt, andererseits. Beides, Hermeneutik des theologischen Kerns und Kontext- sowie Entwicklungsanalyse, muss sich jedoch nicht ausschließen: Es kann auch zur Synthese kommen.

26 Zur Kontroverse, unter Einbezug der Positionen etwa von Hermann Usener, Martin P. Nilsson und Wilamowitz-Moellendorff (1959), vgl. auch in Schulz-Nieswandt 2012, S. 101 ff.

von Dionysos, der aus Kleinasien über Thrakien eingewandert sein soll, verwirft.

Dionysos ist in Griechenland uralt anwesend. Otto, der ansonsten durchaus auch die Beziehung zwischen der europäischen Stiftungskultur der Griechen einerseits und dem Orient andererseits, binär codiert (z. B. Otto 1962, S. 241)[27], liegt damit eher bei der Position von Ivanov (2012). Insofern spiegelt sich in der Einheit des Apollinischen und des Dionysischen, hiermit wiederum der modernen französischen Altertumsforschung nahe (Detienne 1995; Vernant 1996, S. 75 ff.), eher die ganze Anthropologie des menschlichen Daseins wider als es z. B. in der Verkürzung von Ulrich von Wilamowitz-Moellendorf in der klassischen deutschen Philologie der Fall war. Dort durfte nicht sein, was nicht sein soll: Das Eingeständnis der Selbsterkenntnis der (tierischen) menschlichen Abgründigkeit (des *homo abyssus*) bereits im Griechentum der archaischen und klassischen Epoche.

Insofern kommt in Dionysos bei Otto die ganze Tiefe des Menschen zum Ausdruck: die Todeserfahrung des sterblichen Menschen. Dionysos ist Hades[28].

Im Dionysos-Kult kommt diese ganze Abgründigkeit, diese ganze Wahrheit der Seinsverfassung des Menschen mit aller Gewalt zur Klarheit – wird dann jedoch auch (wie Otto in seinen Ausführung zur griechischen Tragödie [orientierend: Ries 2000][29] darlegt [Otto 1962, S. 162 ff., 190 ff., 223 ff.,

---

27 Der strukturale Kern kann rekonstruiert werden als

Griechenland : Orient (Asien) = erhabener Stille : sinnlicher Leidenschaft.

Die Verdichtung liegt im Kontrast von

diesseitiger Gestalt-Werdung des Daseins : Askese und jenseitiger Flucht.

28 Der Gott Hades als Totengott (und als Ort der Unterwelt) hat eine Fülle von Beinamen; einige sind für den vorliegenden Zusammenhang besonders relevant, liegen sie doch angesiedelt im semantischen Feld von Dunkelheit und Schwärze. Vgl. auch Art. Hades, in: Roscher 1993, I.2, Sp. 1778 ff.

29 Vgl. zur ethnologisch aufgeklärten Kulturgeschichte der griechischen Tragödie (auch der Komödie) in ihren wilden, später in der *polis* „gezähmten" Ursprüngen auch in Canaris 2012, S. 17 ff. Zur Ursprungs- und Entwicklungsgeschichte des griechischen Theaters habe ich (u. a. in Schulz-Nieswandt 2012) vor allem Girshausen (1999) genutzt. Die psychoanalytische Lesart der Tragödie von Winterstein (1925) ist schwer zu plausibilisieren, allerdings deckt er struktural einen wichtigen Gesichtspunkt im Verständnis der Tragödie auf, die aus der Binärik von

Natur : Kultur

250 ff.] im Lichte von Otto's Apollon-Verständnis [Otto 1962, S. 53 ff., 67 ff., 90 ff.]) im Apollinischen eingefangen und zur Gestaltwahrheit der diesseitigen Einbettung der menschlichen Existenz in die göttliche Ordnung getrieben.

---

resultiert: Die Metamorphosen von Winter zum Frühling als Naturrhythmus von Vergehen und Entstehen korrelieren zum Sozialrhythmus des Generationenwechsels (Eltern – Kinder, enger: Vater – Sohn):

Winter : Frühling = Eltern : Kinder.

Vegetationsriten (*VR*) stehen so in Relation zu Initiationsriten (*IR*) der Jugend:

VR : IR.

Nur durch Absterben/Tötung ist somit Wachstum/Neues möglich; das ist der natürliche, aber auch der kulturelle Rhythmus. Deswegen ist auch im dionysischen Formenkreis *Pan* dabei. Als Bocksgott ist er Grenzgänger in dieser Metamorphose, halb Natur, halb Kultur, Ausdruck der Verwandlung an der Schnittstelle von Natur und Kultur. Sittliches Werden ist demnach nur als Widergeburt des Abgestorbenen möglich; hier ist Dionysos der sterbende und wiederkehrende Gott.

12. Walter F. Otto und die Maske

Otto behandelt vielerlei Aspekte des kommenden Gottes (Otto 1962, S. 74, S. 171) – die Rolle der Maske[30] (über die ich in früheren Abhandlungen Anmerkungen vorgenommen habe[31]), die für das epiphanische[32] Geschehen (S. 180), bei Otto (1956a) als „Theophania“ abgehandelt, wichtig ist (S. 80 ff., S. 178), über die Binärik von Lärm und Stille, die parallelisiert ist zum Faszinierenden und Abschreckendem im Phänomen des Numinosen (S. 85 ff.), zum Zauber, zum Manischen, zur Rolle der Frauen (etwa S. 130; S. 155 ff.) etc.

Neben der Rolle des Weines (S. 130 ff.) wird auch der Efeu (S. 138 ff.) analysiert. Auch hier, in Bezug auf Wein und Efeu, betreibt m. E. Otto implizit (Bachofen-artig) einen strukturalen Blick (S. 140 f.):

Wein : Efeu
=
Licht : Dunkel = Wärme : Feuchtigkeit = Tag : Nacht = Leben : Tod.

---

30 Hier können die bahnbrechenden Studien von Meuli (1975) herangezogen werden. Es ist hier schwer zu verstehen, warum Otto derartigen Studien so abweisend gegenüber stand. Diese anthropologischen Studien bedeuteten für Otto wohl eine Entwertung der onto-theologischen Wahrheit der alten Griechen.

31 Schulz-Nieswandt 2010, S. 117, 120, 126; Schulz-Nieswandt 2012, S. 24, 103, 139; 2013, S. 63, 136. Ich nahm dabei aus der Fülle der Forschungsliteratur vor allem Bezug auf Weihe 2004; Röttgers/Schmitz-Emans 2009; Olschanski 2001. Vgl. auch Ebeling 1984. Lichau (2000) kann zeigen, dass das funktionale Wesen der Maske eben nicht einfach im Verbergen einer eigentlichen Identität zu sehen ist, sondern zugleich in der Generierung neuer Identität im Anderen, also transgressive Kreativität und somit kreative Ausdruckspraxis durch Bewegung (zumal im Kontext von Tanz und Musik) ist. Eine besondere Position in der Maskenanalyse nimmt Lévi-Strauss (1977) ein. Er rekonstriert am „Weg der Masken“ wiederum die sozialen Austauschbeziehungen segmentierter Siedlungen im Raum. Die mich hier interessierende Maskentheorie (vgl. vor allem auch herausragend Hüls [2013], wenngleich hier der Schwerpunkt auf die [nicht-materiellen] Gesellschaftsmasken liegt) berührt die Praxis der religiösen Kulte (auch der Ahnenkulte) sowie, hier vor allem (mit der religiösen Kultpraxis auch durchaus Schnittflächen aufweisend) die psycho-kulturell verstehbaren Ausdehnungen des Daseins der Person im transgressiven Sinne, immer auch im Kontext kollektiver epochaler Krisen.

32 Wobei mich weniger die christliche Variante interessiert als vielmehr die allgemeine Problematik (Knechtges/Schenuit 2009).

Danach nimmt dieses Schema der Bi-Polaritäten eine dialektische Dynamik an. Feuchtigkeit (S. 145 ff.) verweist auf die Schöpfungskraft des Wassers und somit kommt einerseits die Frau auf der Seite der dunklen Natur des feuchten Efeus zur Wirkung.

Doch die männliche Seite der Schöpfung wird andererseits sodann (S. 149 ff.) in der Dionysos-Gestalt des zeugenden Stieres zur Dominanz gebracht. Und gerade im Stier kommt wiederum das Moment der wahnsinnigen Raserei zum Ausdruck (S. 151 ff.). Und dem Dionysos steht im gleichen männlichen Phalluskult auch der Bock eng zur Seite (S. 152 ff.) – Ausführungen zum Bocksgott Pan (vgl. auch Otto 1956, S. 38, S. 41), auf den ich an anderen Stellen eingegangen bin, wären hier m. E. anzufügen (Herbig 1949; Walter 2001).[33]

Walter (2001) lässt (S. 155 ff.) aus dem Wasser die Ur-Mütterlichkeit (der Pflege und Sorge) herauswachsen; die Dominanz der Zeugung liegt jedoch bei dem Mann. Die Frau bietet dazu aber den fruchtbaren Raum dieses männlichen Zeugens, die Liebe überdauert der Erotik aber, so Walter, in der Figur des Weiblichen als Ur-Mutter im gesamten schöpferischen Geschehen.

Hier liegen Parallelen zu Bachofen vor, auf dessen strukturale Binäriken ich an anderer Stelle näher eingegangen bin (vgl. in Schulz-Nieswandt 2013; auch in Schulz-Nieswandt 2012). Auch dort, bei Bachofen, wird das Weibliche einerseits bewundert, andererseits als gegenüber dem Männlichen weichende Figur thematisch.

Das Schicksal des Dionysos folgt aus seiner eigenen Logik, Leben und Tod gemeinsam zu verkörpern; er muss selbst sterben (S. 171 ff.). Ähnlichkeiten liegen (ähnlich wie die pharaonische Wurzeln der späteren Christus-Auffassung, was jedoch nicht immer hinreichend reflektiert wird in der Christologie, damit jedoch eine Verwurzelung darstellend, die sozio-genetisch angesichts des historischen Kontextes des orientalisierten römischen

33 Die Rolle von *Pan* ist also im Kontext des Dionysoskultes zu deuten. Zu den Satyrspielen (vgl. auch Art. Satyros und Silenos, in: Roscher 1993, IV, Sp. 443 ff., in denen [wie der Bocksgott Pan] Figuren hybrider Art [halb Mensch/halb Tier] zentral sind vgl. auch Krumeich/Pechstein/Seidensticker 1999; Lämmle 2013). Dionysos muss, wie auch Artemis (Vernant 1988, S. 9 ff.), als Aneignung des Fremden als das Eigene verstanden werden: vgl. auch Detienne 1995; vgl. auch Vernant 1995, S. 86 ff., u. a. in Anlehnung an Louis Gernet: S. 92: „Dionysos lehrt oder zwingt uns, anders zu werden, als wir gewöhnlich sind.".

Kaiserreiches nicht überrascht) hier zum alt-ägyptischen Osiris-Mythos vor (S. 177)[34], worüber auch eine eigene breite Forschungsliteratur handelt.

Und es schließen sich die Kontroversen um das Kommen und Gehen des Gottes im Sinne des Sterbens (Opferns) und des Wiedergeborenwerdens an (vgl. auch S. 182). Die weiteren Wege zur Orphik (und zum Christentum) geht Otto hier explizit nicht (S. 183). Otto sieht die weitere Entwicklung der Dionysos-Figur im apollinisch geformten Kultzusammenhang fixiert (S. 183 f.).

Doch Apollon hat nicht, wie das Christentum die heidnischen Religionen, verdrängt (S. 186 f.), sondern veredelt: Apollon hat aus „der inneren Notwendigkeit" heraus, „seine eigene Spannweite durch die Nachbarschaft des anderen – gerade *dieses* anderen! (Heraushebung auch im Original) – zu ergänzen" (S. 187) gesucht, um „der Welt zu zeigen, daß erst beide zusammen die ganze Wahrheit bedeuten." (S. 187) Die Wahrheit der menschlichen Existenz ist zu verstehen als die Balance des Apollinischen und des Dionysischen.

---

34 Osiris ist eindeutig als Totengott zu verstehen und zugleich als Herrscher der Unterwelt (*Duat*). Durch die Wiederauferstehung ist Osiris zugleich zum Fruchtbarkeitsgott geworden. Seine Wirkgeschichte reicht vom alten Reich bis in die hellenistisch-römische Zeit hinein.

13. Mythos und Psychodynamik

Damit wird diese Mythos-Hermeneutik zum Kern einer modernen psychodynamischen Anthropologie und einer Kulturanalyse der psychodynamischen Kräftefelder: Die kulturelle (auf die Inter-Personalität bezogene) und die seelische (auf die Intra-Personalität bezogene) Grammatik des sozialen Miteinanders gehen eine Ineinander-Schichtung ein.

Otto spricht von Bund und Band: „Und damit hätte die griechische Religion, als die Huldigung des objektiven Seins, ihre erhabenste Höhe erreicht!" (Otto 1996, S. 189)

Die Position von Walter F. Otto ist auch hier interessant und instruktiv, wenngleich nicht unmissverständlich. Einerseits argumentiert er heftig gegen die existenziale Daseinsanalyse von Angst und Sorge und Tod; andererseits greift er genau diese Kategorien in einer Art von Ur-Angst-Ur-Vertrauens-Dynamik auf und erklärt die Liebe als „produktiv" im Sinne eines Mut(es) zum Existieren (Otto 1963a, S. 304 f.) – hier, wie ich an vielen anderen Stellen dargelegt habe, an Paul Tillich (Schulz-Nieswandt 2009), aber auch an die herkömmliche Kritik der Sorge-Fixiertheit in Heideggers Fundamentalontologie[35] erinnernd.

Freiheit sei ohne Geborgenheit eben nicht denkbar (Otto 1956, S. 36; auch Otto 1963a, S. 291, S. 293 und 298 f.). Hier verweise ich auf Walter F. Otto (1963, S. 298f.), wo er argumentiert, die Erfahrung der Liebe treibe die Angst aus, die den Menschen dazu führen würde, „eine andere Welt zu suchen, um sich ihr anzuvertrauen." Es geht nicht um das Heil im Jenseits, sondern um die Überwindung der Bekümmernis, der Bedrückung und des Leidens im Diesseits durch die Praxis der Liebe (S. 299).

---

35 In der Dissertation „Wille und Passion. Der Liebesbegriff bei Heidegger und Arendt" hat Noemi (2013) Potenziale sowie Konvergenzen und Divergenzen im Liebesverständnis bei Heidegger und Arendt vergleichend darlegen können. Die Re-Konstruktion von Heidegger verläuft hierbei entgegen der bisherigen Literatur, die das Fehlen der Liebe angesichts der existenziellen Dominanz der Sorgestruktur bei Heidegger betonte (Noemi 2013, S. 49 ff.), nämlich so, dass die Thematisierung der Liebe als verborgen-unterschwellige, aber kontinuierliche und immer wieder zur Oberfläche drängende Tiefenstruktur bei Heidegger zu erkennen glaubt. Dabei ist es eine Liebe zum Sein in einer letztendlich auf Gelassenheit ausmündende Entschlossenheit.

14. Psychodynamik der Figur des Hermes

Otto hat die Polyvalenz von Hermes (vgl. auch Herter 1976) dargelegt. Er ist tatsächlich der Begleiter für viele Menschen in vielen unterschiedlichen Handlungssituationen. Er ist auch als Totengott erkannt worden (Eitrem 1909), was wiederum in einem breiteren vergleichend-religionswissenschaftlichen Kontext validierbar ist. Letztendlich ist das Sterben ja auch (eine letzte) Statuspassage und der Weg in den Tod eine Reise des Menschen.

Überwiegend ist Hermes sympathisch und sorgt für Glück und Erfolg; aber wie immer in der griechischen Mythologie geht es nicht um oberflächliche Geschichten, sondern um die Tiefengrammatik der menschlichen Existenz und daher um gravierende Widersprüchlichkeiten des Menschen in seiner Seinsverfassung. Das kommt dann zum Ausdruck, wenn den Gewinnern die Verlierer zur Seite gestellt werden. Das drückt existenziell eben beide Seiten des menschlichen Seins aus: Gewinn und Verlust, Glück und Schmerzliches etc. Und Hermes begleitet alle Menschen in solch unterschiedlichen Kontexten. Auch den Weg in den Hades begleitet er. Persephone hat er herauf geführt. Darüber gibt eine spezielle Forschungsliteratur Aufschluss. Insgesamt gilt aber: Hermes „ist der Herr der Wege." (Otto 1987, S. 145)

Die besagte Polyvalenz von Hermes gab Anlass für vielerlei fokussierte Deutungen. Hermes ist (als „Schutzpatron": Kurnitzky 1994, S. 25) Begründer des heiligen Marktes und drückt bereits die normative Dialektik des Marktes aus: einerseits basierend auf den Eigentumsrechten, andererseits von List und Tücke, von Diebstahl und Gewalt geprägt.

Hermes verkörpert auch einen Pol der antiken dualen Geschlechtermerkmalsordnungen, die eben nicht erst in der frühen Neuzeit auftauchte[36]: Ist Hestia[37] die Göttin des Herdes im *privaten oikos* (klassisch dazu Coulanges 1996, S. 17 ff., 43 ff.; Vernant 1996, S. 13 ff.), wo die Frau rollenzentriert wirkt, so Hermes (Vernant 1996, S. 13 ff.) der Gott der Außenwelt, wo

---

36 Auch die vergleichende Ethnologie verweist auf die Ubiquität dualer Geschlechtermerkmalsordnungen, auch in den jeweils (eben geschlechtsspezifischen) vorherrschenden Erziehungszielen.

37 Aber auch im öffentlichen Raum repräsentierte Hestia das Herdfeuer der Gemeinschaft. Vgl. ferner auch Kajava 2004 sowie Merkelbach 1980.

(längst ist die Wirtschaftssozialordnung von Privateigentum, Geld, Recht und Politik aufgegangen, und räumlich griff am Ursprung der klassischen *polis* am Ende der post-mykenischen Devolutionsphase die Kolonisationsperiode der Griechen, auch dies gut erforscht [Lane Fox 2011], um sich) Bewegung im öffentlichen Raum von *polis* und *chora* herrscht – eben die Welt des agonalen Mannes. Die Rollendifferenzierungen, die eine neuere Forschung (analog zur alttestamentlichen religionsgeschichtlichen Exegese aus feministisch-sozialgeschichtlicher Sicht) zur Situation der Frau im alten Griechenland vorgelegt hat, überzeugen mich nicht dergestalt, dass ich von der Dominanz dieses strukturalen Codes absehen kann.

Und wo Grenzen zu überschreiten sind, liminale Räume des Zwischen zu überwinden sind, Brücken gebaut werden müssen, das Neue im Reisen ansteht, da ist auch noch jene ekstatische Dynamik wirksam, die auf die notwendigen wilden Ursprünge der Kultur im Dionysos-Kult verweisen. Die Kulturwissenschaft, aber auch die Tiefenpsychologie, die sich jeweils aus der Perspektive der Soziogrammatik einerseits und der Psychogrammatik andererseits dem Problem der Begegnung von Ego und Alter Ego, der reziproken Konstitution von Identität und Alterität stellen, sind daher nicht nur Wissenschaften des Ekstatischen, sondern selbst bereits ekstatische Wissenschaften der Transgression.

Liest man Otto nochmals neu im Lichte dieser Ethnologie und Psychologie der Statuspassagenethnologie sowie dieser Sozialanthropologie der Liminalität (ein Ansatz, der sich z. B. in den letzten Jahren auch in der historischen Psychologie der frühchristlichen Gemeinden bewährt hat), so sticht seine Bemerkung hervor: „Wo ein Eintritt geschieht, wo ein Weg zurückgelegt werden wird, da ist der wundersame Geselle zugegen.“ (Otto 1987, S. 146)

Hermes ist ein „*Geist der Nacht.*“, so Otto (1987, S. 147; kursiv auch im Original). Dabei ist die Nacht in ihrer doppelten Potenzialbedeutung zu verstehen: Sie ist „gütiger Schutz“ oder „gefährliche Irreleitung“ (Otto 1987, S. 148). An die Nachtfahrt des Priamos in der Ilias ist zu erinnern. Und insgesamt verweist das Dunkel der Nacht auf die Übergänge in das Totenreich. Hermes gehörte, wie Otto trefflich schreibt (1987, S. 149) sowohl der Sphäre der Toten wie der Lebendigen an: „Das eben ist seine Art, daß er keinem der beiden Bezirke angehört und keine bleibende Stätte hat, sondern immer zwischen hier und dort auf dem Wege ist und sich dem Einsamen stellt.“ (S. 149 f.)

Hermes, so möchte ich hermeneutisch verdichten, ist der Gott der geglückten psychodynamischen Gleichgewichte des Menschen in seiner ewigen Dialektik von Suche und Abgrund, modelliert als *homo viator* und *homo abyssus*, positioniert zwischen Leben und Tod.

BIOS ist eben beides: Begehren und Sterben. Freude und Licht werden ebenso erlebt wie Angst und Dunkel. Die Bewegungsrichtungen des Menschen sind zentrifugal ebenso wie zentripetal. Der Wunsch nach Geborgenheit und die Hoffnung auf Glück werden immer begleitet von den Gefahren der Nacht: der Nichtung. „Überall lauert Gefahr." (S. 152) „Bietet die Nacht auch erholsamen Schlaf und lässt die Träume mit der Seele spielen; aus dem Traum mag auch der Alptraum erwachsen und der Schlaf kann ein tödlicher werden. Gefahr und Schutz, Schreck und Beruhigung, Gewißheit und Verirrung, all dies birgt die Nacht in sich." (S. 153) Nochmals: Otto wirkt hier als Hermeneutiker der psychodynamischen Gleichgewichtssuche im Spektrum der binären Bi-Polaritäten, die das Leben (im Transaktionalismus zwischen Mensch und Welt) im Korridor der Entwicklungsmöglichkeiten bietet.

Doch alle Rede vom gesuchten Gleichgewicht darf nicht die bleibende tiefe Ambivalenz verbergen, die anthropologisch sich offenbart: Die menschliche Existenz ist und bleibt kontingent; nichts ist von Dauer, permanent ist das Nichts die konstitutive Alterität der Identität. So kann der Mensch „auch zu dem Verlieren nicht nein sagen (können – S.-N.); denn eines ist nicht ohne das andere." (Otto 1987, S. 154)

Hermes verkörpert die „Form des ganzen Daseins. Und da findet sich, daß dieser Umkreis Gutes und Böses, Erwünschtes und Enttäuschendes, Hohes und Niedriges umschließt." (S. 155) Das ist die Anthropologie der griechischen Religion, hier in Hermes verdichtet verkörpert: Das Ganze des Daseins, in einer Form.

Hermes ist „Geist einer Daseinsgestaltung" (Otto 1987, S. 155). „So vieles darin vom moralischen Standpunkt aus verwerflich erscheinen muß (...)" (S. 155): Hermes soll ja nicht Vorbild sein oder Inbegriff des Guten. Wenn er das *Ganze* des (menschlichen) Daseins verkörpert, dann eben auch das Böse und die Schattenseiten des zum Guten fähigen Menschen. Es geht um die „Beschreibung des Menschen" (Hans Blumenberg). Daher kommt Otto auch wieder auf seine anthropologische Linie der Hermeneutik zurück, wenn er von einer Grundgestalt „der lebendigen Wirklichkeit" spricht (S. 156). Das moralisch Bedenkliche gehört als das zu Bedenkende eben zu dieser Wirklichkeit des Menschen. Daher ist die Welt des Hermes weder heroisch noch vornehm.

15. Walter F. Otto und Orpheus

Dionysos[38], und dies hat Walter F. Otto (1996) komplex darlegen können (Henrichs 1985-1990, S. 141), vermag durch die in ihm verkörperte polydimensionalen Polaritäten eben die Totalität des menschlichen Seins auszudrücken (als „holistische Summe", wie Henrichs es ausdrückt): Tod und Leben, Licht und Rebe sowie Efeu und Dunkel.

Eigentlich ist hier m. E. eine tiefe Verbundenheit zum strukturalen Denken bei Vernant gegeben, denn die Relationen sind verschachtelte Binärismen:

Tod : Leben = Dunkel : Licht = Efeu : Rebe.

Andere Binärismen, bekannt aus der Religionsphänomenologie des Numinosen des Heiligen als das ganz Andere, tauchen auf:

Entzücken : Erschrecken = Ruhe : Lärm = Reinheit : Wildheit etc.

Orpheus (dazu auch Schlesier 2010; Hofmann 2010; Storch 2010) ist, wie Kerényi (1996, S. 14 ff.) dargelegt hat, der Dionysos im apollinischen Lichte. Und die Vielfalt seiner Gestalten verweist auf die Wandlungen der Gestalt. Insofern ist Orpheus als Komplex von Mytho-Metamorphosen zu verstehen.

Auf den Komplex Orphik/Pythagoras ist nicht einzugehen (Burkert 2011, S. 298 ff.; 449 ff.), wenngleich das Thema der Verbindung zu den antiken

---

38 Die Dionysos-Forschung hat auch in neuerer Zeit nicht an Forschungsdynamik verloren. Dazu etwa Bernabé u. a. 2013; Heinemann 2011; Schlesier 2011. Forschungsgeschichtlich ist im 19. Jahrhundert der Bruch in der Rezeptionspraxis der griechischen Antike (dazu auch Aurnhammer/Pittrof 2002) in sehr komplexen, ideologisch sehr differenzierbaren Deutungsströmen zu konstatieren, die sich sehr unterschiedlich positionieren in der Vermittlungsarbeit zwischen den geistigen Traditionslinien der Romantik und der Aufklärung. Sicherlich dürfte die Entdeckung bis dahin verdrängter Kultureigenschaften der antiken Religionswelt damit zusammen hängen, dass die sich selbst kritisch reflektierende entstehenden Moderne im irrationalen Moment des von Pan begleiteten Dionysos-Kult sich selbst einen Spiegel vorhält und die Rationalität der eigenen Kultur in ihren Rissen, Widersprüchen und Ambivalenzen erkannt wird.

Mysterienkulten und letztendlich auch zum Christentum eine klassische Kontroverse ist (vgl. auch Hörisch 1992, S. 57 ff.).

Orpheus ist (Prometheus[39] nicht unähnlich) Kulturstifter, mit seiner Musik (vgl. auch in Otto 1971, S. 45 ff.) auch musische Beseelung aller Phänomene und somit Zivilisationsstifter, aber verweist vielfach auf die tiefe Verbundenheit zu den Kulten der orgiastischen Ursprünge der Kultur (vgl. auch Henrichs 1984), wie sie u. a. auch Walter Burkert (Theorem des *homo necans*) entfaltet und dargelegt hat.

Von hier zentralem Interesse ist der Mythos vom Abstieg des Orpheus in den Hades, um seine geliebte Eurydike zurückzuholen (dazu Klodt 2004). Die Tragik liegt darin, dass und wie dies missglückte (vgl. auch Otto 1963a, S. 57 ff.). Als Symbol der menschlichen Schwäche (er vermochte es nicht, sich zu beherrschen [Otto 1963a, S. 57]) und schuldhafter Fehlbarkeit drehte sich Orpheus – entgegen des warnenden Verbots – zu Eurydike um, und er verlor sie wieder und endgültig.

Die Lehre ist klar: Der Mensch kann eben den Tod nicht überwinden und den ewigen schöpferischen Kreislauf stoppen. Mögen Chiron und die Silenen übertroffen werden; der Tod an sich nicht. Die Unterwelt wird somit nicht erfolgreich bezwungen. Das Gesetz des Werdens und Vergehens, wie Klodt es ausdrückt (Klodt 2004, S. 65), ist zu akzeptieren.

Henrichs (1985-1990, S. 123) spricht davon, „daß der Tod die Kehrseite des Lebens ist“ und: „Dieser Wahrheit sind die Griechen nie ausgewichen, wie ihre Mythen zeigen, vor allem der eleusinische Mythos von Demeter und Persephone, wo der Kreislauf des vegetativen Wachstums und Vergehens zum Paradigma menschlicher Lebenserwartung und Jenseitshoffnung wird.“ Freiheit ist das Korrelat der Endlichkeit und ist somit Voraussetzung der personalen Verwirklichung.

---

39 *Prometheus* hat dem Menschen, das ist die Problematik, eine dialektische Ressource (Produktivkraft) zur Verfügung gestellt. Sie war von Anbeginn geprägt von einer verbotenen Grenzüberschreitung, die der Heros begangen hat: Die Kluft zwischen den Göttern und den Menschen ist erodiert worden; die Strafe folgte unmittelbar. Auch hier ist die Analogie zur *Genesis* (von anderen altorientalischen Mythen abgesehen) kaum zu übersehen.

16. Apollon, Artemis und Geschlechterordnung

Das *Apollinische* (vgl. auch Otto 1987, S. 78 ff.) verkörpert die Rationalität männlicher Ordnungslogik. Otto (1987, S. 78) spricht Apollon (vgl. auch Art. Apollon, in: Roscher 1993, I.I, Sp. 422 ff.) die „Geisteshoheit" zu. Die Erhabenheit und Sieghaftigkeit steigert sich zur Verkörperung des Lichtes. Apollon ist durch und durch *die* Lichtgestalt. Der Kontrast ist besonders anschaulich „in der Wildnis und Wirrnis dieser Welt" (Otto 1987, S. 79).

An anderer Stelle hat Otto (1962) den Geburtsmythos von Apollon umfassend interpretiert (S. 90 ff.) und dargelegt, wie im Töten des Drachens, den Hera der Leto, Apollons Mutter, nachjagen ließ, durch den gerade geborenen Apollon der Sieg des Geistes über die symbolisierte Natur zum Ausdruck kommt (S. 116). Damit wird Apollon zum Lichtgott[40] (S. 127 f.). In methodologischer Hinsicht sei hierbei als bemerkenswert betont, wie breit sich hierbei Otto der vergleichenden Religionswissenschaft bedient (die er ansonsten zwar als berechtigt, aber nicht wirklich zielführend einschätzt), um die Ubiquität dieses Ur-Mythos nachzuweisen (S. 128).

Mit der Lichtgestalt des apollinischen Gottes praktiziert Otto (1962, S. 57) einen binären Code, der da lautet:

Artemis : Mond = Apollon : Sonne.

„Bei Homer ist Apollon der Gott der vornehmen Haltung, die Abstand zu nehmen vermag und mit dem freien Blick des Erkennenden wie mit einem Lichtstrahl die Wahrheit trifft." (S. 61) Es ist die Haltung der Reinheit (S. 64), die, so Otto, der Naturwelt des Weiblichen und somit auch Artemis (vgl. auch Art. Artemis, in: Roscher 1993, I.I, Sp. 558 ff.) als Göttin der

40 In anderen Schriften habe ich mehrfach auf die Lichtmetaphysik in der europäischen Kulturgeschichte verwiesen. Mitunter gilt die Arbeit von Markschies (1995) nun als Ende der Debatte um eine lichtmetaphysische Theologie in der Produktionsästhetik der Gotik. Zur Traditionslinie neuplatonischer Lichtmetaphysik von der Antike bis hinein in die Renaissance gibt es viele Spezialstudien. Wie immer es um die Lichtmetaphysik der Gotik stehen mag, an der kulturgeschichtlichen Bedeutung des Lichts im religiösen Denken und Fühlen der Menschen ist nicht zu zweifeln. Eine Fülle von Beiträgen (Gebhardt 1990; Svilar 1983) liegt hierzu vor.

Wildnis nicht zukommt. Sinn und Geist werden dergestalt (S. 86) dem Triebhaften der Natur gegenüber gestellt.

Interessant ist nun, wie Otto die duale Geschlechtermerksmalsordnung durch die Gegenüberstellung von Artemis praktiziert[41]: Verkörpert Apollon die Jugend und männliche Stärke, so Artemis all dies „ins Weibliche umgesetzt" (Otto 1987, S. 79). So sind Apollon und Artemis Geschwister und zugleich Komplementaritäten in der Differenzlogik. Gemeinsam ist die ganze Reinheit und Helligkeit. Das Dionysische ist, so meine ich hier erkennen zu können, das duale Gegenüber.

Insofern, und da ähneln sich Ottos Wesenslehre der griechischen Götter mit der strukturalen französischen Schule um Vernant (1996), Detienne (1995) etc. herum, da Otto eben nicht, wie oftmals behauptet, die Götter jeweils isoliert betrachtet, sondern durchaus ansatzweise das relationale Strukturgefüge im Götterapparat entdeckt, gilt: Die Binärik von Apollon und Dionysos[42] wird verschachtelt mit der komplementären Differenz von Apollon und Artemis: Deutlich wird die externe Binärik von Licht (Apollon) und Dunkel (Dionysos) und die interne Binärik von Mann (Apollon) und Frau (Artemis). Doch wie steht diese Kombinatorik zu der ethnologisch ansonsten oftmals bekannten Binärik

Frau : Mann = Natur : Kultur?

Da der Dionysos-Kult ein weiblicher Kult war, fügt sich zunächst alles passungsfähig:

Dionysos : Apollon
=
weibliche Natur : männliche Kultur
=
Gewalten der dunklen Nacht : Macht des Lichts
=
blutige Unreinheit : Reinheit der Schönheit
=
Hybridizität von Tier und Mensch (Pan) : Vollendung des Menschlichen.

---

41 Ebenso Ortega Y Gasset (1933), der (dazu auch in Schulz-Nieswandt 2013, S. 38) die duale Geschlechtermerkmalsordnung luzide entfaltet, dabei in edelster Adelshaltung den Mann kulturgeschichtlich nicht gut wegkommen lässt und diesen vielfach in Primitivismus absinken lässt.

42 Dessen Rezeptionsgeschichte natürlich vielgestaltig ist: Baeumer 2006.

Doch bleibt in dieser Kombinatorik ein Widerspruch. Artemis ist weiblich, soll aber auf der apollinischen Seite der strukturalen Schemata stehen?

Doch hört man lesend weiter hin, so kommt Otto schnell zur Beobachtung, Artemis liebe die Wildnis, die Einsamkeit der Wälder und Berge und liebt die Tiere der Wildnis (S. 80). Und umgekehrt ist auch Apollon der tödliche Gebrauch des Bogens nicht fremd. Wilde Spuren in der apollinischen Geisteshoheit? Zivilisierte Konturen in einer wilden Artemis? Welche innere Dialektik des Apollinischen liegt vor, wenn von Anbeginn an „Bogen und Saitenspiel" (Otto 1987, S. 83) dem Apollinischen eigen ist? Wie bei Dionysos, so ist der Verdacht des asiatischen Ursprungs des Apollinischen breit diskutiert worden, und auch die ursprüngliche Fremdheit von Artemis (Vernant 1988, S. 9 ff., 19 ff.).

Bei Otto jedenfalls wird die strukturale Komplementarität[43] (die auch Petermann [2004, S. 637] herausstellt) im Formmodus der dualen Geschlechtermerkmalsordnung evident: Beide schicken Pfeile ab, aber „nur den Männern schickt Apollon diesen schönen Tod. Die Frauen trifft der Pfeil der Artemis." (S. 96; vgl. auch S. 111)

Otto vermerkt an anderer Stelle, es sei strittig, woher Artemis kam (Otto 1987, S. 104) – aus Kleinasien wird mitunter behauptet. Doch für Otto ist sie „ganz und echt griechisch" (S. 104).

Ist Artemis die inkludierte Fremde? Otto ordnet Artemis (vgl. nochmals Art. Artemis, in: Roscher 1993, I.I, Sp. 558 ff.) in ihrer Weiblichkeit der Natur zu (S. 102). Doch wieso kann sie dann ein interner Pol des Apollinischen sein, ist doch Dionysos (vgl. auch Art. Dionysos, in: Roscher 1993, I.I, Sp. 1029 ff.) der Gott der wilden Natur, die Otto nun aber auch als Raum der Artemis umfassend darlegt (S. 102 ff.)? Sie sei „Herrin der wilden Tiere" (S. 106) – also ein weiblicher Orpheus als Dionysos, gebändigt im apollinischen Licht? Ja, vielleicht, aber das Komplementärgebilde von Apollon und Artemis bei Otto bleibt dominiert vom Geschlechterdualismus, wie eine abschließende Textpassage bei ihm trefflich zum Ausdruck bringt (S. 114 f.).

Ich habe an anderen Stellen (vgl. in Schulz-Nieswandt 2012; 2013) Position in psychodynamischer Sicht bezogen: Die unterstellte angstmachende Fremdheit von Dionysos war Ausdruck einer Hygieneangst der dem Fremden (vgl. auch in Schulz-Nieswandt 2013b) im eigenen Selbst (ich nenne das das Kristeva-Theorem); und Artemis (die These der französischen Schu-

43 Auch bei Schadewaldts Analyse des Schildes des Achilleus (Schadewaldt 1944, S. 352 ff.) wird das oftmals polare Denken der alten Griechen überaus deutlich.

le: Vernant 1988, S. 9 ff., 19 ff.) ist die psychodynamisch erfolgreich integrierte Fremdheit einer eingewanderten Göttin. Aus der Exogenität wurde Endogenität; die feindliche Binärik von Außen und Innen ist gelingend überwunden worden. Insofern verkörpert Artemis eben in sich die geschichtliche Entwicklungsdialektik (vom Fremden zum Eigenen; vom Wilden zur gezähmten Natur der hohen Kultur reiner Lichtgestalten des Apollinischen).

17. Imagination dualer Geschlechtermerkmalsordnung und christliches Weltbild

Auch auf eine andere Quelle von Otto kann zurückgegriffen werden (Otto 1963a; S. 21 ff.). Dieser Aufsatz beginnt jedoch schwierig, klassifiziert Otto, de-chiffrierbar im Lichte der Analyse der „imaginierten Weiblichkeit" von Bovenschen (2003), das Christentum als weiblich, die antike Kultur als männlich (S. 21).

Männlichkeit und Weiblichkeit sind bei Otto im Sinne der dualen Geschlechtermerkmalsordnung[44] (dazu auch in Schulz-Nieswandt 2004, S. 53 ff.; Schulz-Nieswandt 2006a, S. 137 ff.; Schulz-Nieswandt 2006; Schulz-Nieswandt 2012, S. 43 f.) codiert: Männlichkeit meint mutig-aufrechte Haltung eines inneren würdevollen Adels, Weiblichkeit meint hier demutsvolle Haltung der Hingabe und des aufopfernd-engagierten Gehorsams. Das Christentum als Geisteshaltung und verkörpertes Menschenbild stellt für Otto eben diese Weiblichkeit dar: Selbsterniedrigung und bedingungslose Hingabe an den Herrn (S. 24, 26, 31). Der männliche Held strebt im Diesseits nach Vollkommenheit; er mag scheitern – egal; er ist zur Freiheit berufen (S. 29).

Diese mutig-edle Haltung sei im Christentum untergegangen (S. 30 f.). An der Stelle des „Tätigkeitsdranges" (S. 31) tritt im Christentum die Angst, ja, die „Wollust der Selbsterniedrigung" (S. 31). Und: „Es wird Pflicht, einer geoffenbarten Lehre blind zu glauben." (S. 32)

---

44 Schon die relative Lieblichkeit des *ionischen* Meeres wurde in altgriechischer Tradition als weibliche Natur der männlichen Natur des harten strengen *ägäischen* Meeres gegenübergestellt. Und schon damals wurden die konstatierten Irrationalitäten des Dionysos-Kultes – mannigfaltig im Rahmen der Vasenmalerei überliefert (Tetzlaff 1980, S. 89; Mannack 2002, S. 47; vgl. auch Sinn u. a. 2013) – den Frauen zugeschrieben (Behnk 2009), wobei (Bremmer 1984) die Mänaden (von *Mania* stammend; klassisch herausgestellt in *Die Bakchen* von Euripides [480 v. Chr. – 406 v. Chr.], als dritter Teil einer Tetralogie) die Begleiterinnen der dionysischen Kultzüge waren (vgl. auch Art. Mainaden, in: Roscher 1993, II.2., Sp. 2243 ff.; den *Satyr*spielen kommt dabei die Funktion der spielerischen Bändigung der menschlichen Gewaltpotenziale zu [Isler-Kerenyi 2005]. Zu den Sirenen vgl. auch in Renger 2011, S. 252 ff. Ferner Kopf-Wendling 1989; Buschor 1944; Hofstetter 1990; Wedner 1994.

„Diese Wandlung der menschlichen Seele ist das denkwürdigste Ereignis der europäischen Geschichte.“ (S. 32) Der Mensch wird zum Knecht, gefangen in einem Gefüge von Schuld, Angst, Sünde, dem Bösen, der Gnade und der Unterwerfung. Zwischen Liebe und Hass pendelt der Mensch dahin. Die antike Ethik ist dagegen stolz und aristokratisch (S. 339). Das Christentum basiert auf einem „versklavten Sinn, dessen Gewissensangst in allem Natürlichen das Verbotene und Böse witterte“ (S. 34).

18. Männlichkeit des Logos

Nomos und *Logos* wurzeln in dieser frühen Maskulinisierung (vgl. auch Gascard 1993) der *polis*; die prekären Eigenschaften der menschlichen Existenz verdankte man (Mann), mythopoetisch konstituiert, der geöffneten Büchse, die *Pandora* (vgl. umfassend Preußer/Rétif/Rytz 2012) transportierte.[45]

Daran ändert nichts die berechtigte Sicht auf dieses Ordnungsgeschehen, wenn, folge ich u. a. Adorno und Horkheimer, in dem hierbei vorgängigen *Prometheus*-Mythos (Kerényi [1998, S. 171 ff.] bezeichnet gerade diesen Mythos als Ausdruck der spezifischen Daseinsweise der Griechen) die erste Form der „Dialektik der Aufklärung" (von der es dann noch viele Varianten geben wird) erkannt wird.

Schon der agierende *Heros* (Art. Heros, in: Roscher 1993, I.2, Sp. 2441 ff.) war männlich (vgl. auch Zilling 2011); und die Idee der technischen

45 Ich bin mir bewusst, dass die griechische Ehre und die damit verbundenen Kategorien aus sozialgeschichtlicher Sicht primär Gender-orientiert in ihren tiefengrammatischen Maskulinitätslogiken kritisch zu zerlegen sind. Aber hier geht es um die Idee zur Gestaltlehre des Menschen, nicht nur der Männer, die etwa Walter F. Otto entgegen der christliche Anthropologie entfaltet hat. Man lese die Einleitung von Schadewaldt zu seiner Arbeit „Die griechische Tragödie" (Schadewaldt 1991, S. 9-66) und man wird den Zusammenhang kraftvoll entfaltet sehen. Es geht auch ihm um die edle Freiheit des Diesseits (also der Welt der Immanenz). Der leidenden Existenz wird nicht die jenseitige Erlösung gegenüber gestellt. Es geht humanistisch vielmehr um die Praxis des menschlichen Charakters in einer nicht völlig verfügbaren Welt. Die tragische Freiheit ist angesiedelt zwischen Sorge und Mut; Gelassenheit und Weisheit wären die höchsten Formen, in denen diese Welt in ihrer Wahrheit zum Ausdruck kommt. Der menschliche Charakter führt diese existenzialen Spannungen als innere Kämpfe aus. Der viel zitierte Götterapparat der alten Griechen (vgl. die Götterlehre von Otto 1987) spiegelt als Assemble diese Welt der inneren Kämpfe des Menschen. In dieser Welt kann der Mensch schuldlos schuldig werden, ohne kollektivneurotisch von der Ur-Schuld und ihrer empirischen Ubiquität getrieben zu werden. Die Macht des Dämonischen drückt hier das lebensweltliche System der Verstrickungen menschlicher Praxis aus. Es geht um Prozesse, die gar nicht so beabsichtigt waren. Innerhalb dieser Welt der Verstrickungen geht es um eine charakterliche Tugendlehre, die Mut, Stolz und Ehre umfasst, auch Gerechtigkeit, Freundschaft und Liebe etc. Ich denke, dass ich diese Sicht auch Werner Jaeger (1888-1961) – vgl. Jaeger 2010 – entnehmen kann.

Beherrschbarkeit der Welt ist von Anbeginn an zutiefst als männliches Heldentum konzipiert.

19. Ontologie der religiösen Erfahrung jenseits der Religionswissenschaft und die Seins-Tiefe der Musik

Otto wirft keinen Blick auf die geschichtliche Sicht des Werdens der Ordnung. Er lehnt diese Sicht forschungsparadigmatisch in seiner Kritik am britischen Evolutionismus und an der komparatistischen Kulturanthropologie der „primitiven“ Religionen ab. Otto geht es nicht um Religionsgeschichte, sondern um die Hermeneutik des Glaubens (S. 83) als religiöse Erfahrung. Es „ist der Homerische Apollon“ (S. 85), der ihn fasziniert.

Apollinische Musik (mittels der Lyra) stiftet höhere Ordnungen (S. 8 f.). Pans Flöte dagegen, so bi-polarisiere ich (vgl. aber auch in Schlesier 1998), kündigt das Numinose des Dionysos an und leitet die orgiastischen Inszenierungen der weiblichen Ventilsitten der Dionysos-Kulte ein. In Anlehnung an Georgiades (1958, S. 23)[46] halte ich – struktural – fest:

Apollon : Lyra = Dionsyos : Aula.

Diese Binärik wird auch in der neueren Musikphilosophie durchaus gesehen (vgl. in Sorgner/Schramm 2010, S. 16 ff.). Vor diesem strukturhermeneutischen Hintergrund ist es interessant, wie in der aristotelischen Klassik das Blasinstrument bereits abgewertet wird (Blaukopf 1996, S. 16 f.), womit sich die späte *polis* der freien (sklavenhaltenden) Bürger bereits apollinisch festgelegt haben auf Musik, die das Reden nicht verunmöglicht.

---

46 Zu den alt-griechischen Musikinstumenten vgl. auch Zschätsch 2001.

20. Apollon als Inbegriff des gelingenden Daseins

Für Otto ist Apollon der „griechischste aller Götter“ (Otto 1987, S. 99). Es folgt nun eine wunderschöne, dichte, aber eben auch nicht unkontroverse Passage in diesem Werk von Otto (S. 99 f.). Dionysos wird durchaus als vorgängige deutliche Macht in der Religionsgeschichte angesprochen; doch – und hier ist die Position von Kerényi (mit Blick auf Orpheus als apollinische Lichtung des Dionysos) der von Otto sehr ähnlich – wird Dionysos in Apollon offensichtlich aufhebend überwunden.

Der Gegensatz wird überwunden. Die enthusiastische, rauschhafte Seele des dunklen Dionysos geht auf in dem Geist. Schwere, Dumpfheit und Gebundenheit werden überwunden zu der „Haltung des Erkennenden“ (S. 99). Die ganze Passage, die hier nicht in Gänze zitiert werden soll, ist psychodynamisch auszulegen. Demnach wäre Dionysos der Gott der Nähe, Apollon der Gott der Distanz. Nähe und Distanz – hier kristallisiert sich eine klassische Bi-Polarität heraus, die die Psychodynamik, aber auch die Soziologie der Grammatik sozialer Interaktionsordnungen beschäftigt. Distanz ermöglicht Freiheit – von der Gebundenheit und meint dennoch nicht die christliche seelische Innerlichkeit und das Eigenleben eines Individuums, welches nur „Rauch“ in der ewigen Formenwelt des Unwandelbaren ist. Dies erinnert an Gadamers Metapher vom Individuellen als ein kurzes Kerzenlichtflackern im Zeitstrom des Geschichtlichen.

Psychodynamisch ist auch die Struktur, die Otto in der Polarität der dämonischen Mächte der *Erinyen* (S. 88 unten)[47] einerseits und der Götterwelt andererseits (S. 89) zum Ausdruck bringt. Der Kampf beider Kräftefelder ist nicht „auszutilgen“ (S. 89), da sie „immer bleibt“ (S. 89). Es ist dies die Dynamik von Ur-Angst und Ur-Vertrauen, die aus der kulturtheoretisch fundierten entwicklungspsychologischen Forschung dargelegt worden ist. Apollon stiftet diese zur Angst gegenläufige Kraft des Vertrauens. Apollon ist der „Stifter der Ordnungen, die dem Zusammenleben der Menschen die rechte Gestaltung geben.“ (S. 91)

So geht das vorgängige Dionysische auf in die lichtende Erkenntniskraft des Apollinischen. Es ist dieser Bemerkung wert, wenn hier festgestellt wer-

47 Vgl. auch Art. Erinys, in: Roscher 1993, I.I, Sp. 1310 ff. sowie Reinstadtler-Rettenbacher 2013.

den muss, dass Otto, der ansonsten jede religionsgeschichtliche Betrachtung, gar Datierungen ablehnt, weil er sich auf die Wesensschau fokussiert, hier eine dialektische Dynamik zur apollinisch akzentuierten Einheit mit dem vorgängig Dionysischen konstatiert. Das ist (mit, wie eben schon angeführt, Kerényi argumentierend) auch aus der Hermeneutik der Göttergestalt des Orpheus bereits bekannt.

Evidenz kommt dieser Interpretation von Otto's Apollon, womit sich der bekannte (auf Schleiermacher und Dilthey zurückreichende) hermeneutische Spruch, man können einen Autor besser verstehen als sich dieser selbst verstanden habe, zu, wenn man sich Otto's Ausführungen zur apollinischen Musik zuwendet.

21. Nochmals zur Musik

Die Musik stehe, so Otto (1987, S. 92), im Zentrum von Apollon, woraus erst alles fließt. In der Musik (der Musen[48]) antworten die Götter dem leidenden Menschen (dem *homo patiens*), und die Musik von Apollon ist erfüllt vom „Geist aller lebendigen Gestaltung" (S. 93). Hier wird der Mensch erfüllt vom Geist, der sich über die Schwäche der *Maßlosigkeit* erfüllend hinwegsetzt. Damit bleiben Menschen Menschen, die Götter Götter. Hier muss genau dies explizit festgehalten werden.

Im rechten Maß (als Überwindung der Maßlosigkeit) wurzelt das psychodynamische Gleichgewicht, das der Mensch strebend erreichen muss, damit auch das soziogrammatische Gleichgewicht der gelebten Kultur des Miteinanders funktioniert. Und die Musik (S. 98) wird zur großen Erzieherin in dieser anthropologischen Angelegenheit. Und Musik begleitete auch Orpheus als Kulturstifter und als Gott der Beseelung der ganzen Natur.

---

48 Otto (1971) legt damit eigentlich eine Onto-Theologie der Musik (und des Tanzes [S. 76, 78, dabei Inszenierung des Selbst einerseits und ekstatische Transgression zum hörenden Empfangen des sich offenbarenden göttlichen Seins andererseits zusammenfügend], ausführlicher in Otto [1956], durchaus nahe an modernen tanzanthropologischen Überlegungen: Brandstetter/Wulf 2007; Klepacki/Liebau 2008; Günther 1962) vor. Und von den Musen „geküsst" zu werden, spricht die Sinne der Menschen (gemeint ist das Erklingen von Pans Flöte [Otto 1971, S. 55; Otto 1963, S. 82 ff. sowie in Otto] im Zikadenkonzert [S. 59]) wohl auch ganz anders an als das theologisch aufwendig zu begründende äqui-funktionale Phänomen des Heiligen Geistes der katholischen Kirche. Die „Musen singen ja auch (…) und sind Lehrmeisterinnen in dieser Kunst" (Otto 1971, S. 20). Die Musen „ergreifen" den Menschen (Otto 1971, S. 31). Gemeint ist eine „Erhebung und Erleuchtung des Geistes, in der das Wunder des Singens und Sagens möglich wird." (S. 31; vgl. auch S. 35) Selbst im Umkreis des Dionysos wirkend sind die Musen Ausdruck der Apollinisierung des dionysischen Geschehens, wo eben alles zusammenkommt, Leben und Tod. „Musisch" bedeutet daher immer „von göttlicher Art und Herkunft." (S. 37) „Und dementsprechend hat das Singen und Sagen eine Bedeutung, wie nur das wahrhaft Göttliche sie haben kann: es ist die Offenbarung des Seins der Dinge" (S. 71; auch S. 71 unten sowie S. 83 unten). Es geht um „die unser Dasein erhellenden Gestalten der Musik und Sprache" (S. 72). Die „Wahrheit des griechischen Mythos" (S. 88) liegt in diesem „*Urphänomen der Tongestalt des Wahren*" (S. 88 – kursiv auch im Original).

Musik war aber auch der sinnliche Kontext von Dionysos. Pans Flöte tönte hier. Also wird auch hier, wenn auch erhöhend-aufhebend, an den vorgängigen Dionysos angeknüpft.

22. Das Denken der Alterität

Das Problem erfordert, sich, wie auch schon an anderer Stelle (Schulz-Nieswandt 2012; 2013) geschehen, zwingend an den Befunden und Erträgen der französischen Altertumsethnologie zu orientieren. Dionysos war, dicht beschrieben, nicht das Fremde (Jentsch 2006) aus dem Orient und daher das ganz Andere des Griechischen. Das Griechische war Anthropologie des Ganzen, eben auch des Menschen, die ganze Sicht, nicht die gymnasialhumanistische deutsche Verkürzung/Halbierung: Im Menschen und somit in der Kultur ringen die beiden Prinzipien des Apollinischen und des Dionysischen, die Systole und Diastole im Sinne der Psychodynamik, mag das Dionysische, psychoanalytisch betrachtet, auch vom Rationalismus als das ganz Andere und somit als das Fremde durch Übertragung aus dem eigenen Selbst in das Selbst des Anderen exterritorialisiert werden. Angst versteigt sich zur Phobie und verengt regressiv die Freiheit, die an Offenheit gebunden ist, den Horizont.

Onto-theologisch im Lichte der modernen philosophischen Anthropologie/Phänomenologie[49] des dialogischen Menschen gesprochen: Das Subjekt stagniert und verliert sich als Subjekt infolge der fehlenden Annahme des Rufes des Anderen als An-Rufung des MICH durch das DU, dass erst ein ICH ermöglicht.[50] Weil verdrängt wird, dass das Andere/Fremde ICH (Teil meines Selbst) ist (was ich bereits oben das Kristeva-Theorem nannte), wird

49 Vgl. auch Wehle 2000. Zum Teil kann hier angeschlossen werden an die neuere französische Phänomenologie, die hier nun in ihren trans-egologischen Zügen aufzunehmen ist. Die Philosophie des (transzendentalen) ICH wird zur post-cartesianischen Philosophie des MICH. Das de-zentrierte Subjekt, ich argumentiere poststrukturalistisch, wirkt auf das Seiende des Seins immer nur im Modus der Seinseingebundenheit als ein Verhältnis das daseienden Daseins zum Sein in der Form des Seienden, das so – ganz im Sinne der ontologischen Differenz – Sein immer nur als seiendes Sein in der gebrochenen Abstufung von Eigentlichkeit und Uneigentlichkeit (als entfremdete Form des Verfehlens der Seinsmöglichkeiten) sein kann. Dergestalt kann die Idee betont werden, wonach von einer *Vorgängigkeit des inter-subjektiven Copula* vor dem Ich zu konstatieren sei. Damit wäre einer Lese-Art (von Schelling) gebahnt, wonach es eine *transzendentale Voraussetzung des transzendentalen Subjekts* gibt.

50 Guardini (1956, S. 12): „Der Einzelne lebt nicht nur in der Gesamtheit, sondern auch aus ihr, tiefer und voller, als er selbst oft ahnt.“.

auch die Rimbaud'sche Umkehrung (Das Ich ist ein Anderer) nicht mehr erkannt.

Otto ist demnach kritisch daran zu messen, ob er Dionysos als ebenso originär als griechisch ansieht wie Apollon. Freilich steht es ihm kulturhermeneutisch frei, in der bi-polaren Oszillation zwischen dem Apollinischen (a) und dem Dionysischen (d), also angesichts von

$$\{a \leftrightarrow d\},$$

nicht-symmetrische, aber dennoch equilibrative Akzentuierungen vorzunehmen:

$$(a > d) \text{ versus } (a < d),$$

vor allem auch dann und dergestalt, wenn er dies (entgegen seiner sonstigen non-historischen Haltung, die den linearen Evolutionismus meint, damit aber auch die Vielfalt der komparatistischen Ethnologie trifft) als temporale Sequenz ($t_0 \rightarrow t_1$), wie von mir angedeutet, denkt:

$$(d > a)_{t0} \rightarrow (a > d)_{t1}.$$

Das Menschliche, also die Kultur, umfasst immer beide Kräftefelder (Vektoren V) als Elemente der Ordnung (O):

$$O = O(V^a; V^d).$$

Ruth Benedict (1955) hat in ihren kulturanthropologischen Studien denn auch apollinisch dominierte von dionysisch dominierten Kulturen typologisch unterschieden (Bargatzky 1997, S. 200 f.).[51] Beide Typen bleiben im Möglichkeitsspektrum von

$$O = O(V^a; V^d).$$

Aber die kollektiv jeweils geteilte Mentalität (kM) ist unterschiedlich:

$$kM(V^a) \neq kM(V^d).$$

51 Dominant ist die Überlieferungsspur über Friedrich Nietzsche; vorher hat bereits Friedrich Wilhelm Joseph Schelling dieses Begriffspaar eingeführt.

23. Humanismus und *Dritter Humanismus*

An dieser Stelle muss ein Wort mehr zum Humanismusverständnis fallen. Humanismus muss mit existenziellem Ernst dem menschlichen Wesen verstehend gewidmet sein, vor allem weil er zugleich Un-Mensch sein kann (Kerényi 1996, S. 291).[52]

Unter Humanismus verstehe ich hier nicht die seit der Renaissance immer wieder neu (Neu-Humanismus) angestrebte Nachahmung des unerreichbaren Ideals der Antike. Dies bedeutet nicht, in der Antike nicht die Wurzeln einiger elementarer Bausteine einer anzustrebenden sozialen Ordnung zu erblicken (um mit Werner Jaeger's *dritten Humanismus* zu argumentieren[53]); allein, es geht um die Vermeidung der Verklärung, so wie Apollon zum Maß der Ordnung und Reinheit wurde. Es geht auch nicht um eine gymnasialpädagogische gräzistisch-latinistische Gelehrtenerziehung des antiken Menschenbildes. Paideia (Jaeger 2010) ist die Einsicht in die Formbarkeit und Formbedürftigkeit des Menschen im Schicksalzusammenhang seiner historisch konkreten Wirklichkeit – und nimmt somit die Anthropologie der modernen Erziehungsphilosophie vorweg. Seele und soziale Gemeinschaft werden hier immer vom Formprinzip her zusammen gedacht. In diesem Sinne besteht auch kein Widerspruch zum Relativismus der historischen Anthropologie. Die anthropologischen Basisaussagen widersprechen nicht der Vielfalt der historischen Gestalten im Kulturvergleich, sondern verhalten sich zueinander als Konkretisierungszusammenhang (vgl. auch Rathmayr 2013).

Daher bleibt auch der Bezug auf den Einzelnen im neueren Humanismusstreit kontrovers. Insofern knüpfe ich frei an die Redewendung vom Existenzialismus als Humanismus (Gieselmann/Straub 2012; Cancik 2011) an. Wenn in Sartres Zuspitzung die ganze Wirklichkeit nur die Summe der individuellen freien entwerfenden Entscheidungen ist, geht natürlich die Seinsverfassung des Menschen verloren und wird vergessen. Daher ist es nicht überraschend, wie Sartres Position konträr steht zur De-Zentrierung des Subjekts bei Foucault. Foucaults Post-Strukturalismus ist eben keine

52 Zu Kerényi vgl. auch Schlesier/Martínez 2006.

53 Dabei bin ich mir der komplizierten geistesgeschichtlichen Entwicklungskonfigurationen durchaus bewusst: Stiewe 2011. Vgl. auch Sünderhauf 2004.

post-moderne Theorie im Sinne des Postmodernismus der soziologischen Biographiebastelei-Theoretiker (vgl. etwa Schönherr-Mann 2005), sondern post-decartesianisch und daher Heidegger näher stehend.

Die Frage der Freiheit des Einzelnen ist aber nicht identisch mit der Betonung der Persönlichkeit im Humanismus. Rechtsphilosophisch kann auch im Post-Strukturalismus positiv Bezug genommen werden zur Person, ohne den voluntaristischen Individualismus zu huldigen. Rollenanthropologisch, um es kurz zu fassen, bedeutet dies, die Freiheit des Menschen immer nur im Kontext seiner kulturellen Einbettungen verstehen zu können. Es gibt kein Leben ausserhalb dieser Einbettung und raum-zeitlichen Verankerung, Verstrickung, Im-Sein-sein. Entwürfe sind und bleiben geworfene Entwürfe: bedingte Autonomien, *Individuation durch Partizipation* am Kollektiven (im Sinne von Paul Tillich: Schulz-Nieswandt 2009). Dies ist wichtig, um das Programm der Selbstverwirklichung zu verstehen. Gemeint ist immer *Selbst*-Verwirklichung. Das *Selbst* ist aber, um hier im Paradigma eines dialogischen Personalismus zu argumentieren, nicht das abstrakt unbedingte ICH, sondern das als MICH sich selbsterfahrende ICH durch die An-Rufung durch das DU im Kontext eines als UNS erfahrbaren WIR. Speziell im jüdischen theologisch-philosophischen Kontext (bereits im fremdensozialrechtlichen Milieu des Alten Testaments) konkretisierte sich diese Perspektive gestaltbildend als Selbsterfahrung des Eigenen im Lichte des Fremdling-Seins des Anderen.

Doch nicht die ganze Genealogie kann/soll hier entfaltet werden. Entscheidend ist die Einsicht, dass der Fortschrittsglauben des Humanismus eben nicht linear sein muss, sondern als Kräftefeld der Diskurse, Institutionen und Praktiken verstanden werden kann. Dennoch *bildet* sich der Mensch, der aber Einzelwesen immer nur als Gattungswesen und als chronotopisches Gebilde ist, innerhalb dieser Kräftefelder und es bleibt auch entgegen eines voluntaristischen Individualismus unbenommen, nach der *schöpferischen*[54] Kraft des Menschen mit Bezug auf die gelingende Daseinsverbesserung des menschlichen Miteinanders als *Praxis der personalen Umschrift der sozialen Einschreibungen der Kultur* zu fragen – wie es der späte Foucault dann ja auch selbst getan hat.

54 Vielleicht geht eine Auflösung dieses gordischen Knotens nicht ohne Metaphysik einer Kraft, die bei Castoriadis (1984) als *Magna* bezeichnet wird. Diese ist unbedingt, selbst nicht historischen Ursprungs.

24. Ontologie des Gefüges von Liebe, Mut, Macht und Gerechtigkeit

Tillich hat eine Ontologie von Kategorien und ihr Spiel im Gefüge entworfen, aus der hervor geht, dass die Kraftquelle der Liebe jenen Mut speist, aus dem heraus die Macht im Lichte sozialer Gerechtigkeit seinswirksam werden kann. Es geht darum, aus der Kraft der Liebe den „Mut zum Sein“ zu schöpfen, um Macht im Lichte sozialer Gerechtigkeit so zu gestalten, dass sich der Traum von der Seinsmächtigkeit der Menschen als Überwindung der existenziellen Angst (und jenseits einer Neurotisierung der Angst) *in dieser* Welt konkret, im gelingenden sozialen Miteinander, verwirklichen mag. *Macht* ist die politische Gestaltung der sozialen Wirklichkeit und dies in diesem Zuge der Selbst-Verwirklichung im Modus des Wir im Lichte sozialer *Gerechtigkeit* aus der Kraft der *Liebe* als Quelle des „Mut(es) zum Sein“ angesichts der von existenzieller Angst geprägten und jederzeit zur Verstiegenheit der neurotischen Angst mutierbaren Sorgestruktur der menschlichen Existenz, die so zu Ihrer Essenz kommt (Tillich 1987; 1991; 1991a).

Der „Mechanismus“ ist in seiner Kernstruktur wie folgt zu verstehen:

$$\text{Liebe} \rightarrow \text{Mut} \leftrightarrow \text{Angst} \rightarrow \text{Gerechtigkeit} \rightarrow \text{Macht} \leftrightarrow \text{Sorge}.$$

Das *psychodynamische* Coping-Gleichgewicht {Mut ↔ Angst} ist struktural zu beziehen auf das *pragmatische* Gleichgewichts-Problem {Macht ↔ Sorge}:

$$\{\text{Mut} \leftrightarrow \text{Angst}\} : \{\text{Macht} \leftrightarrow \text{Sorge}\}.$$

Der gleich noch näher zu spezifizierende doppelte Form-Charakter der Form wird nun angesichts dieser Relation von Psychodynamik und Pragmatik deutlich:

Essenz geht der Existenz voraus: Liebe steht wie Inhalt zur Gerechtigkeit als Form; *Existenz geht der Essenz voraus*: die Gerechtigkeit als Form ist aber die einzige Form, in der die Liebe als Inhalt Gestalt-werdend „gelebt“ werden kann (Schulz-Nieswandt 2006b):

$$\underset{=}{\text{Liebe} \rightarrow \text{Gerechtigkeit}|\text{Gerechtigkeit} \rightarrow \text{Liebe}}$$

Essenz → Existenz|Existenz → Essenz.

Mut ermöglicht den ersten → der linken Seite der Anordnung, Macht den zweiten → der rechten Seite der Anordnung:

Mut ↔ Macht.

Dann entwickelt sich die personale Erlebnisgeschehensordnung des Vertrauens im Sein: die Angst angesichts der Sorge durch das *Vertrauen* zur Wahrheit als Gestaltqualität des personalen Seins im Sein. Der Mensch in seiner Personalität nimmt das Sein und dergestalt sich selbst als Selbst an:

Vertrauen > Angst → Wahrheit.

Wahrheit ist hier Gestalt-Wahrheit der essenziellen Existenz. Der abgründige Mensch (der existenziellen Angst und der Sorge) mutiert mittels des Modus des suchenden Menschen zum *homo donans* und *homo donans reciprocans* (der vertrauensgenerierenden Liebe):

homo abyssus → homo viator → homo donans → homo reciprocans.

25. Mythopoetik als Seins-Vergewisserung

So bleibt selbst in der Abwesenheit der Götter ein Zugang des modernen Menschen zum Göttlichen, folge ich Walter F. Otto, griechischer Herkunft möglich.

Im existenziellen Humanismus, so meine ich (und öffne mich dem Vorwurf der ganz offensichtlich verfehlten Exegese Heideggers und einer unmöglichen und widerspruchsvollen Perspektive der Problemlösung, denn der Humanismus sei ja endgültig schon mehrfach gestorben und damit tot), bleibt das abwesende Göttliche dergestalt präsent, dass die Idee (Tillichs symboltheoretisch gedachter „Gott über Gott" als Idee *immanentisiert*) der Gestaltwahrheit des Menschen im Sein noch möglich bleibt.

Ist dies nahe an Jaspers ent-göttlichtes *Absolute*, eine Position, die Karl Barths Spott eingebacht hat? Ist dieser Humanismus, ohnehin nicht der von Sartre, möglich? Dies ist durchaus eine auch epistemisch berechtigte Frage, da ich doch ansonsten ja deutlich post-strukturalistisch orientiert bin und, hier der Kritischen Theorie folgend, den de-chiffrierenden Verdacht angesichts der ubiquitären Macht der normativen Selbst-Zurichtung des Gesellschaftlichen hege, wenngleich nicht im Modus des post-modernen infiniten Regresses der De-Konstruktion des Verwiesenseins des Textes auf andere Texte (…)?

Für mich ist die post-strukturale Skripttheorie der kulturellen Einschreibung (Inskription) des Sozialen als *Individuation als Modus des Selbst-Seins des Sozialen* im Prinzip nur die Perspektive der tiefenpsychologisch orientierten Kulturwissenschaft als Kehrseite der Ontologie der Kehre[55], die das

55 Meine Rezeptionsweise, die sich aus meiner spezifischen Frage- und Themenstellung ergibt, betont gar nicht so sehr den Bruch in Heideggers Werk zwischen der Fundamentalontologie einerseits und der „Kehre" seit den 1930er Jahre andererseits. Die Aktivität des Menschen beim frühen Heidegger einerseits und die Passivität des Menschen gegenüber/angesichts des Seins beim späte(tere)n Heidegger andererseits stehen nicht im Gegensatz zueinander, sondern wollen als zwei Pole eines Ganzen gesehen werden. Zentral für mich ist der Wahrheitsbegriff, der nicht wissenschaftliche Richtigkeitserkenntnis meint und der die Differenz der Technik als Herrschaft über Dinge von der Kunst als Schöpfung als Lichtung des Seins zur Wahrheit unterscheidet. Wenn der Mensch nicht zu dieser Wahrheit gelangt, wenn er vom Sein verlassen ist und nicht nur das Sein vergessen tut, verfehlt er seine Existenz. Hier

Geworfensein, das In-der-Welt-Sein des Menschen über das geworfene Entwerfen zur radikalen Abgründigkeit der Übermächtigkeit der Seinsvorgängigkeit des Seins steigert.

Deswegen sucht der Mensch in seinen Praktiken der schöpferischen *Umschrift der Einschreibungen* das Wesen der göttlichen Erfahrung auch noch im Status der Abwesenheit der Götter, da er die Leere spürt und an ihr sorgend arbeitet in der Ewigkeit der Mythopoetik, die uns auch Hans Blumenberg aufgezeigt hat.

Das traurige Verzichten auf die Götter führt zum Bewahren ihrer Göttlichkeit. So resultiert keine Ohnmacht aus der existenziellen Angst des *homo abyssus*, sondern die Kraft der liebevollen Gestaltung als Sich-Einrichten des Menschen angesichts seines ohnehin vorgängigen Geworfenseins als apriorischer Modus des In-der-Welt-Seins. Diese Abgründigkeit als Seinswahrheit ist nicht an ein Wollen oder Nicht-Wollen des Menschen als Subjekt gebunden, sondern ist gar nicht abschüttelbar und daher als solches hinzunehmen und daher auch zu bewahren.

So muss auf der Basis der Einwilligung (als liebende Annahme der Welt) und somit der (sich auch selbst liebenden) Selbst-Annahme des abgründigen Menschen in der Abgründigkeit seines Seins der Mensch in seinem Sein als

---

trifft sich Heideggers Denken mit dem der daseinsanthropologischen Psychiatrie. Erst vor diesem Hintergrund wird auch Heideggers Hölderlin-Rezeption verständlich, wonach Hölderlin das Göttliche vermisst, aber nicht als Jenseitiges, sondern als Feier des In-der-Welt-Seins. Die ganze Fülle, Vielseitigkeit und auch Ursprünglichkeit des Menschen bedarf dieses Göttlichen in der Welt, sonst geht die Wahrheit verloren. Die Seinsverlassenheit zeigt sich somit als Abwesenheit der Götter, als „Götternacht" – erst die Erinnerung an Dionysos als der wieder kommende Gott vereinigt Nacht und Tag, führt zur Lichtung des Seins als Wahrheit der Existenz des Menschen. Genau deshalb werden „Heimkehr" und „Wohnen" zu zentralen Kategorien des Denkens von Heidegger. Hier wird die Sehnsucht zur „Nähe zum Sein" offenbar. Dabei ist – entgegen der Technik – der Mensch nie *Herr* des Seins, sondern nur achtsamer *Hirte* des Seins, er wird offen sein müssen für das Ereignis (des Seins). Das Sein ist den Menschen nicht technisch verfügbar. Die notwendige Einkehr wird zur Heimkehr des Menschen. Damit grenzt sich Heidegger radikal vom Paradigma des neuzeitlichen Subjektdenkens ab. Der Mensch soll sich nicht *aufschwingen* (Ikarus im Hintergrund, von dem Rodin annahm, Illusion sei der Name seiner Tochter). Sorge, Tod, Angst, aber auch Entschlossenheit tauchen nun wieder kategorial auf, aber die Sorge orientiert sich nun an der *Offenbarkeit* des Seins, das der Mensch braucht im existenzialen Sinne des Wohnens als Heimat. So fundamental sieht Heidegger die Welt: Die Quelle des Wassers wird zur Hochzeit von Himmel und Erde, das Gießen des Wassers aus dem Krug zum Geschenk. Auch Sprache ist daher kein Instrument, sondern Ort des Wohnens des Menschen. Sprache wird zum „Haus des Seins".

Sein eine, nämlich *seine* Gestalt finden und bilden. So bleibt der Entwurf ein geworfener Entwurf, dessen Wahrheit ontologischer Natur ist. Es geht nicht um die Epistemologie eines empirischen Protokolls über die Wirklichkeit, sondern um die Hermeneutik des ontologischen Status dieser Wirklichkeit, in der der personale Mensch seine Existenz daseinsführend finden soll.

Deswegen sind die Diskurse der von Anbeginn an in der Krise befindlichen Moderne – Entfremdung, Einsamkeit, Angst, Verzweiflung – der humanistische Überschuss, der noch auf das Hoffen auf Lichtung des Daseins kollektiv geteilt zum Ausdruck bringt. Diese Hoffnung verweist auf die Lücke, die die Abwesenheit der Götter nach ihrer Ermordung durch die kulturgeschichtliche Menschwerdung des Menschen (mit aller Dialektik dieser *prometheus*artigen Aufklärungsarbeit) hinterlassen hat, und die als Gestalt-Werdungs-Aufgabe des Menschen verbleibt. Die Götter bleiben abwesend, die Idee der Gestaltqualität des Werdens als Wahrheit des Seins – quasi der *nicht-göttliche* „Gott über Gott" – ist und bleibt aber anwesend, als ein Sich-Gründen in der nicht wollend begründbaren Abgründigkeit des Seins. Das wäre gelingende Wahrheit des Menschen, der sein Dasein führt.

Diese Wahrheit bleibt somit mythopoetisch. Die Existenz des Menschen bleibt – im Alltag wie in der Wissenschaft, also auf der 1. wie auf der 2. Ordnungsebene der Hermeneutik – an die mythopoetische Praxis der eigenen Seinsauslegung gebunden. Wissenschaft hat ihre eigene Wahrheit der Methode, ist aber letztendlich ebenso wie andere Sphären der sozialen Wirklichkeit (die Kunst, die Politik) auf die große Aufgabe der ontologischen Wahrheit als Findungsprozess, also Sorgearbeit des Menschen in Raum und Zeit normativ verwiesen. Das zeigt nochmals eine ganz andere Qualität von Relevanz der Wissenschaft für die Gesellschaft an als es gemeinhin technologisch oder auch sozio-technisch (gar psycho-technisch) der Fall ist.

26. Magie der Form

Da der Mensch immer nur als in (Geschichten von) Geschichten verstrickt existiert, wohnt der Bildsprache eine konstruktive poetische Schöpfungskraft (hier als [u. a. von Hölderlin inspiriertes] Theorem der Mythopoetik der narrativen Identität des Menschen verdichtet) inne. Insofern ist soziale Wirklichkeit immer auch nahe am Charakter des Mythos: Praxis der hermeneutischen Erfindung und dennoch soziale Tatsächlichkeit im Sinne der Selbst- und Fremdkonstruktion von Wirklichkeit.

Insofern halte ich mich, eingedenk der kontroversen ([daseins]ontologischen und/versus epistemologischen) Theorien über „Wahrheit", an Gadamers[56] Einsicht, Hermeneutik (ob im Alltag oder in der Wissenschaft) sei nicht einfach nur (eine wissenschaftliche) Methode, sondern (lebendige) Praxis der Gestaltwerdung von Daseinsqualität (oder auch ihre uneigentliche, mitunter neurotisch-verstiegende Verfehlung).[57]

Diese Sicht der sozialen Kreativität hat unter dem Vorzeichen eines positivistischen Empirismus natürlich keine reale Chance, aber in einem alternativen Licht auf die Kraft der Mythopoetik verwischen sich die epistemischen Qualitäten von Wissenschaft und Kunst, letzere schon in der griechische Mythologie von den Musen schützend begleitend. Was Kunst oft mit sozial- bzw. kulturwissenschaftlicher, ja anthropologischer Aufklärung vereint ist die schon im Mythos verkörperte Darstellung der „Muster menschlicher Erfahrungen von Macht und Ohnmacht, von Glück und Schrecken, von Leben und Tod", die „narrativ in sukzessive Handlungsabläufe gebunden (werden)" (Baumann-Eiseneck 1992, S. 1). Existenzielle Grunderfahrungen als Schlüssel zum Leben (S. 2) müssen durch den Mythos gedeutet werden, da rationale Wissenschaften die gleiche Funktion, aber hierbei auch Grenzen der Machbarkeit aufweisen.

Bei Bachmann (Höller 2009; Stoll 2013; Schmaus 2014) und (Wimmer 2014) Celan (Emmerich 2006; Olschner 2014; May/Goßens/Lehmann 2012) finden wir einen „Realismus" (der Poetik), der sich verstehen lassen muss

---

56 Vielleicht ist auch Friedrich Gottlieb Welcker als Wurzel anzuführen: vgl. Henrichs 1986.

57 Das gilt auch für Gadamers Verständnis von Musik: Failla 2009, u. a. S. 12 f. i. V. m. S. 126 f.

vor dem Hintergrund der epochalen „Aufgegebenheit" der Aufgaben; in diese existenziell bedeutenden Fragenhorizonte eingebettet ist die Umschrift der Gravur (der Einschreibung) der Epoche in die Lyrik zu verstehen, die so erst auf das Du der Leserschaft (Fassbind 1995) begegnend trifft. Diese muss sich anamnetisch „kundig" machen, will sie das Werk jeweils hermeneutisch angemessen erschließen. Denn diese „imaginierende Dichtung" ist voller Realismus, spiegelt sie doch das Schicksal der Personen der Epoche wieder, wobei ein „sich immer weiter verdichtendes Datennetz des lyrischen Textes" (Emmerich 2006, S. 14) entsteht (vgl. die Interpretation zu „Coagula" dort S. 14 ff.), der keineswegs unverständlich, sondern nur nicht einfach, sondern komplex und verdichtet ist.

Dieser lyrische Realismus will nicht im Sinne der modernen Wissenschaft abbilden und somit richtige Aussagen treffen, sondern die Wahrheit oder die verfehlte Un-Wahrheit der menschlichen Existenz zum Ausdruck bringen. Das „Richtige" ist nicht das „Richtige", je nachdem, ob es um die epistemische oder um die daseinsontologische Idee der Wahrheit geht. Wahres Sein im Dasein ist nicht die Richtigkeit einer Hypothese des epistemischen Subjekts in Bezug auf das Objekt seiner (falsifikatorischen/verifikatorischen) Prüfpraxis cartesianischer Blickart durch Protokollsätze über die Realität. Ja – es gibt Schnittstellen zwischen beiden Wahrheitskonzepten. Das *wahre* Leben als der *richtige* Weg eines nicht verfehlten Daseins klingt parallel zur Wahrheit einer empirisch richtigen Aussage über die Wirklichkeit; und die Identität beider Wahrheitsideen entsteht dann und dort, wo das gelungene Leben Existenz-erhellt reflektiert wird. Ansonsten ist die ontologische Wahrheit keine Subjekt-Objekt-Relation der cartesianischen Tradition; Wahrheit ist Wahrheit der Personalität gerade in ihrer seinsgebundenen, ja eingebundenen, eingelassenen Art der das Dasein zum Gelingen bringenden Existenz der Person in der *praxis*. Dort wo die Wahrheit der wissenschaftlichen Methode reine *techne* der mimetischen Weltbeherrschung wird, kann über den *homo faber* und dem Utilitarisierungsprozess der technischen Erkenntnisse der Weg zum wahren Dasein sogar verbaut werden. Dies ist als „Dialektik der Aufklärung" bekannt.

Hierzu können wichtige Anregungen zur diesbezüglichen Theoriebildung bei Menninghaus (1980) entnommen werden, der über die „Form der Magie" bei Paul Celan handelt. Gedichte sind nicht einfach ein instrumentelles Organon des Inhalts als Geschichtserfahrung, sondern Orte des Daseins (analog zu Heideggers Sprachphilosophie); Form ist Form einer Geschichtserfahrung, aber als Form immer zugleich Hervor-Bringung des Inhalts (S. 38 f.). Das ist die „Magie der Form": Gestalt-Werdung (S. 35, 37). So (S. 253) könnte die Kategorie der *energeia* (S. 42) entfaltet und eingefügt werden. Präsenz und Inhalt müssen demnach so auf einander bezogen werden, dass die Form als *copula* von Form und Inhalt (Materie) (S. 80, 250 f., 252) begriffen werden kann. Daher auch die Rolle des Namens. Das Ding bekommt einen Namen und auch das Wort (vom Ding). Konstitutiv ist der Name als copula und hat eine eigene generative Wirklichkeit. Wort (Form) vom Inhalt (Ding) ist erst durch die Namensgebung als Benennung als copula (zur Metapoetik des Namens: S. 50 f.) möglich.

Den theoretischen Hintergrund hat Menninghaus an anderer Stelle zum Thema „Magie der Sprache“ bei Walter Benjamin herausgearbeitet (Menninghaus 1980a). Was hier interessiert ist die Einsicht, dass entgegen verkürzter Rezeptionen unter Mimetik (Taussig 1997) nicht eine einfache nachahmende Wiedergabe objektiver Wirklichkeit zu verstehen ist, sondern im Sinne schöpferischer Tätigkeit eine innovative Konstruktionsleistung ist, womit das Verbindungsstück zur poetologischen Wahrheitstheorie gegeben ist.

27. Ausklang: Das doppelte Labyrinth, Verstiegenheit des Ikarus, Prometheus und die Humanität *in* der Welt

Das doppelte Labyrinth meint eine Verdoppelung seines Verstehbarkeitsmodus: Gemeint ist einerseits die anthropologische Unhintergehbarkeit des Mythos (der Metapher des Lebens) als Labyrinth und andererseits die Herrschaft der Dinge als verdinglichte Ordnung der Selbsteinsargung der menschlichen Existenz.

Im Mythos ist das Labyrinth die Wohnstätte eines Ungeheuers. Die Angst, sich dort zu verlieren, bedeutet demnach die Angst, das eigene Leben an dem Fressfeind zu verlieren. Gemeint ist das Labyrinth das Leben selbst.

Die Anthropologie des Mythos des Labyrinths habe ich psychodynamisch an der Geschichte von *Dädalus*[58] und *Ikarus*[59] mit Bezug auf eine einschlägige Literatur (Koerner 1983) aufgegriffen (Schulz-Nieswandt 2013, S. 86 f.; Unglaub 2001).

Die Suche nach einem Ausgang im Symbol des Fadens der Ariadne (vgl. auch Art. Ariadne, in: Roscher 1993, I.I, Sp. 540 ff.) ist *eine* Methode, eine *andere* Methode ist der archetypische Traum des Menschen vom Fliegen, der in Ikarus verkörpert wird. Doch auch hier begreift, trotz aller Warnungen des Dädalus, der Ikarus (nicht als Jugend angesichts der Weisheit des väterlichen Alters als Problem inter-generationeller Verständigung gedacht, sondern als Gattungsproblem der Menschen als Menschheit zu verstehen) nicht die Grenzen dieser künstlichen – technologischen – Methode, die dem Menschen nicht von Natur aus gegeben ist.

Rodin hat in einem Kunstwerk den Titel „Illusion, die Tochter des Ikarus“ gegeben (vgl. auch Marchal 2008). Statt die Künstlichkeit der Technologie als fragile prothetische Annäherung an die Verwirklichung eines geträumten Traums zu begreifen, dominiert die Prometheus-artige Selbstübersteigungsneigung der menschlichen Kreatur. Die *manische* Verstiegenheit als Umkehrwert des *depressiven* Kreaturerlebensgefühls des Menschen ist wohl die Schlüsselgröße der Kulturhermeneutik dieses Mythos, der erneut klarlegt,

58 Vgl. auch Art. Daidalos, in: Roscher 1993, I.I, Sp. 934 ff.

59 Vgl. auch Art. Ikarios, in: Roscher 1993, II.1, Sp. 111 ff.

dass der Mythos eine erste Form der philosophischen Anthropologie als menschliche Aufklärung über sich selbst ist.

Der Mensch schwingt sich bis in die verbotenen Höhen der solarischen Sphäre des Göttlichen (auch JAHWE des Alten Testaments war mitunter solarisch codiert) auf – und fällt entsprechend tief. Selbst Zeus schmettert die Blitze „von oben". Genau deshalb war ja die List des Prometheus (vielfach gedeutet, etwa bei Vernant oder Kerényi), den Menschen das Feuer (als Symbol der Entfesselung der Produktivkräfte und somit als Kulturbegründer der Menschen) zu bringen, eine verbotene Handlung der tabuierten Grenzüberschreitung zwischen den Sphären des Menschlichen und des Göttlichen. Und die Strafe folgte. (Die Erlösung des Prometheus war dann bereits eine christlich gefärbte Mythos-Transformation.) Forensisch entscheidend war: Was war also verbotener Weise getan worden? Die binär codierte „oben-unten"-Differenz von Himmel und Erde, von Gott und Mensch wurde geleugnet. Der Mensch soll seine Probleme lösen: *In* dieser seiner Welt.

Prometheus entfesselte die Menschen und wurde deshalb selbst gefesselt; wurde später Prometheus wieder erlöst von seinen Fesseln, so löste die Produktivkraft-Entfesselung des Menschen eine „Dialektik der Aufklärung" aus, die bis heute auf ihre Auflösung wartet.

So geht es anhaltend um die ontologisch vergewisserte Ethik der Humanisierung des Diesseits *in* der Welt. *Diese* Welt muss besser werden. Den Kindern ist nicht der „Himmel auf Erden" zu versprechen, sondern die Werte der Französischen Revolution: Freiheit, Gleichheit, Solidarität.

Literaturverzeichnis

Angehrn, E. (1996): Die Überwindung des Chaos. Zur Philosophie des Mythos. Frankfurt am Main: Suhrkamp.

Aurnhammer, A./*Pittrof*, Th. (Hrsg.) (2002): "Mehr Dionysos als Apoll". Antiklassizistische Antike-Rezeption um 1900. Frankfurt am Main: Klostermann.

Baeumer, M. L. (2006): Dionysos und das Dionysische in der antiken und deutschen Literatur. Darmstadt: WBG.

Bargatzky, Th. (1997): Ethnologie. Hamburg: Buske.

Baumann-Eiseneck, B. (1992): Der Mythos als Brücke zur Wahrheit. Eine Analyse ausgewählter Texte Alfred Döblins. Idstein: Schulz-Kirchner.

Behnk, J. (2009): Dionysos und seine Gefolgschaft: Weibliche Bessenheitsheitskulte in der griechischen Antike. Hamburg: Diplomica.

Benedict, R. (1955): Urformen der Kultur. Reinbek bei Hamburg: Rowohlt.

Bernabé, A. u. a. (Hrsg.) (2013): Redefining Dionysos. Berlin-New York: de Gruyter.

Bischof, M./*Rosiny*, C. (Hrsg.) (2010): Konzepte der Tanzkultur. Wissen und Wege der Tanzforschung. Bielefeld: transcript.

Blaukopf, K. (1996): Musik im Wandel der Gesellschaft. Grundzüge der Musiksoziologie. Darmstadt: WBG.

Böschenstein, R. (2005): Die Götter sind. Erfahrungen mit Walter F. Ottos Hölderlinverständnis. In: Pieger, B. (Hrsg.): Friedrich Hölderlin und seiner Dichtung. Castrum Peregrini 266-267. Amsterdam Castrum Peregrini Presse, S. 150-153.

Bovenschen, S. (2003): Die imaginierte Weiblichkeit. Frankfurt am Main: Suhrkamp.

Brandstetter, G./*Wulf*, Chr. (Hrsg.) (2007): Tanz als Anthropologie. München: Fink.

Bremmer, J. D. (1984): Greek Maenadism reconsidered. In: Zeitschrift für Papyrologie und Epigraphik 55, S. 267-285.

Burkert, W. (2011): Griechische Religion der archaischen und klassischen Epoche. 2., überarb. u. erw. Aufl. Stuttgart: Kohlhammer.

Buschor, E. (1944): Die Musen des Jenseits. München: Bruckmann.

Canaris, J. (2012): Mythos Tragödie. Zur Aktualität und Geschichte einer theatralischen Wirkungsweise. Bielefeld: transcript.

Cancik, H. (1998): Antik – Modern. Beiträge zur römischen und deutschen Kulturgeschichte. Stuttgart-Weimar: Metzler.

Cancik, H. (2011): Europa – Antike – Humanismus. Humanistische Versuche und Vorarbeiten. Bielefeld: transcript.

Castoriadis, C. (1984): Gesellschaft als imaginäre Institution. Frankfurt am Main: Suhrkamp.

Clarus, I. (1997): Odysseus. Wege und Umwege der Seele. Leinfelden-Echterdingen: Bonz.

Coulanges, F. de (1996): Der antike Staat. Essen: Athenaion (Phaidon).

Detienne, M. (1995): Dionysos. Göttliche Wahrheit. München: dtv.

Dobberstein, M. (2000): Musik und Mensch. Grundlegung einer Anthropologie der Musik. Berlin: Reimer.

Dörr, G. (2007): Muttermythos und Herrschaftsmythos. Würzburg: Königshausen & Neumann.

Ebeling, I. (1984): Masken und Maskierung. Köln: DuMont.

Eitrem, S. (1909): Hermes und die Toten. Christiania: J. Dybwad.

Emmerich, W. (2006): Paul Celan. 5. Aufl. Reinbek bei Hamburg: Rowohlt.

Engehausen, F./*Schlechter*, A./*Schwindt*, J. P. (Hrsg.) (2008): Friedrich Creuzer 1771-1858. Philologie und Mythologie im Zeitalter der Romantik. Heidelberg u. a.: verlag regionalkultur.

Espagne, M./*Raubault-Feuerhahn*, O. (Hrsg.) (2011): Hermann Usener und die Metamorphosen der Philologie. Wiesbaden: Harrassowitz.

Failla, M. (2009): Hans Georg Gadamer als Platon-Interpret: Die Musik. Frankfurt am Main: Lang.

Fassbind, B. (1995): Poetik des Dialogs. München: Fink.

Frank, M. (1982): Der kommende Gott. Vorlesungen über die Neue Mythologie. Frankfurt am Main: Suhrkamp.

Frank, M. (1988): Gott im Exil. Vorlesungen über die Neue Mythologie. II. Teil. Frankfurt am Main: Suhrkamp.

Friese, H.-G. (2011): Die Ästhetik der Nacht. Eine Kulturgeschichte. Reinbek bei Hamburg: Rowohlt.

Frobenius, L. (1953): Paideuma. Umrisse einer Kultur- und Seelenkunde. Düsseldorf: Eugen Diederichs.

Fürnkäs, J. (2000): Aura. In: Opitz, M./Wizisla, E. (Hrsg.) (2000): Benjamins Begriffe. Bd. 1. Frankfurt am Main: Suhrkamp, S. 95-146.

Gascard, J. R. (1993): Medea-Metamorphosen. Eine mytho-psychohistorische Untersuchung zur Rolle des Mann-Weiblichen im Kulturprozeß. Berlin: Duncker & Humblot.

Gebhardt, W. (Hrsg.) (1990): Licht. Religiöse und literarische Gebrauchsformen. Frankfurt am Main: Lang.

Georgiades, Th. (1958): Musik und Rhythmus bei den Griechen. Zum Ursprung der abendländischen Musik. Hamburg: Rowohlt.

Gernet, L. (1981): The Anthropology of Ancient Greece. Baltimore-London: The John Hopkins University Press.

Gieselmann, M./*Straub*, J. (Hrsg.) (2012): Humanismus in der Diskussion. Rekonstruktionen, Revisionen und Reinventionen eines Programms. Bielefeld: transcript.

Girshausen, Th. (1999): Ursprungszeiten des Theaters. Das Theater der Antike. Berlin: Vorwerk 8.

Göhler, A. (2011): Antikerezeption im literarischen Expressionismus. Berlin: Frank & Timme.

Görner, R. (2001): Grenzen, Schwellen, Übergänge. Zur Poetik des Transitorischen. Göttingen: Vandenhoeck & Ruprecht.

Guardini, R. (1940): Die Offenbarung. Ihr Wesen und ihre Formen. Würzburg: Werkbund-Verlag.

Guardini, R. (1956): Ehe und Jungfräulichkeit. Mainz: Matthias-Grünewald.

Günther, D. (1962): Der Tanz als Bewegungsphänomen. Reinbek bei Hamburg: Rowohlt.

Hamdorf, F. W. (1986): Dionysos Baccus. Kult und Wandlungen des Weingottes. München: Callway.

Heinemann, A. (2011): Der Gott des Gelages. Bildwelten des Dionysos auf attischem Trinkgeschirr. Berlin-New York: de Gruyter.

Heinrichs, H.-J. (1998): Die fremde Welt, das bin ich. Leo Frobenius: Ethnologe, Forschungsreisender, Abenteurer. Wuppertal: Hammer.

Henrichs, A. (1984): Loss of self, Suffering, Violence: The Modern View of Dionysos from Nietzsche to Girard. In: Harvard Studies in Classical Philology 88, S. 205-240.

Henrichs, A. (1985-1990): Die Götter Griechenlands. Ihr Bild im Wandel der Religionswissenschaft. In: Flashar, H. (Hrsg.): Auseinandersetzungen mit der Antike. Bamberg: Buchners, S. 115-162.

Henrichs, A. (1986): Welckers Götterlehre. In: Calder III, W. M. u. a. (Hrsg.): Friedrich Gottlieb Welcker. Werk und Wirkung. Stuttgart: Steiner, S. 179-229.

Henrichs, A. (1996): „Warum soll ich denn tanzen? Dionysisches im Chor der griechischen Tragödie. Stuttgart-Leipzig: Teubner.

Herbig, R. (1949): Pan der griechische Bocksgott. Versuch einer Monographie. Frankfurt am Main: Klostermann.

Herter, H. (1976): Hermes: Ursprung und Wesen eines griechischen Gottes. In: Rheinisches Museum für Philologie 119 (3), S. 193-241.

Höller, H. (2009): Ingeborg Bachmann. 5. Aufl. Reinbek bei Hamburg: Rowohlt.

Hörisch, J. (1992): Brot und Wein. Die Poesie des Abendmahls. Frankfurt am Main: Suhrkamp.

Hofstetter, E. (1990): Sirenen im archaischen und klassischen Griechenland. Würzburg: Triltsch.

Hofmann, F. (2010): Einleitung. In: Avanessian, A./Brandstetter, G./Hofmann, F. (Hrsg.): Die Erfahrung des Orpheus. München: Fink, S. 9-24.

Hüls, A. M. (2013): Maske und Identität. Das Maskenmotiv in Literatur, Philosophie und Kunst um 1900. Würzburg: Königshausen & Neumann.

Isler-Kerenyi, C. (2005): Civilizing Violence. Satyrs on 6th-Century Greek Vases. Göttingen: Vandenhoeck & Ruprecht.

Ivanov, V. I. (2012): Dionysos und die vordionysischen Kulte. Tübingen: Mohr Siebeck.

Jaeger, W. (2009): Die Theologie der frühen griechischen Denker. Stuttgart: Kohlhammer.

Jaeger, W. (2010): Paideia. Die Formung des griechischen Menschen. 4., ungek. Photomech. Nachdruck. Berlin-New York: de Gruyter.

Jamme, Chr. (1999): „Gott hat an ein Gewand". Grenzen und Perspektiven philosophischer Mythos-Theorien der Gegenwart. Frankfurt am Main: Suhrkamp.

Jentsch, T. (2006): Da/zwischen. Eine Typologie radikaler Fremdheit. Heidelberg: Winter.

Kajava, M. (2004): Hestia: Hearth, Goddess, and Cult. In: Harvard Studies in Classical Philology 102, S. 1-20.

Karlauf, Th. (2008): Stefan George. Die Entdeckung des Charisma. München: Pantheon.

Kerényi, K. (1963): Walter Friedrich Otto. Erinnerung und Rechenschaft. In: Otto, W. F.: Die Wirklichkeit der Götter. Von der Unzerstörbarkeit griechischer Weltsicht. Reinbek bei Hamburg: Rowohlt, S. 144-154.

Kerényi, K. (1996): Humanistische Seelenforschung. Stuttgart: Klett-Cotta.

Kerényi, K. (1998): Urbilder der griechischen Religion. Stuttgart: Klett-Cotta.

Klepacki, L./*Liebau*, E. (Hrsg.) (2008): Tanzwelten. Zur Anthropologie des Tanzes. Münster u. a.: Waxmann.

Klodt, C. (2004): Der Orpheus-Mythos in der Antike. In: Maurer Zenck, C. (Hrsg.): Der Orpheus-Mythos von der Antike bis zur Gegenwart. Frankfurt am Main: Lang, S. 37-98.

Knechtges, M./*Schenuit*, J. (Hrsg.) (2009): Verwandlung. Epiphanie II. Paderborn: Schöningh.

Koerner, J. L. (1983): Die Suche nach dem Labyrinth. Der Mythos von Dädalus und Ikarus. Frankfurt am Main: Suhrkamp.

Kopf-Wendling, U. (1989): Die Darstellung der Sirene in der griechischen Vasenmalerei des 7., 6. und 5. Jahrhunderts v. Chr. Freiburg-St. Georgen: Meier.

Kreuzer, J. (Hrsg.) (2011): Hölderlin Handbuch. Leben – Werk – Wirkung. Stuttgart-Weimar: Metzler.

Krumeich, R./*Pechstein*, N./*Seidensticker*, B. (Hrsg.) (1999): Das griechische Satyrspiel. Darmstadt: WBG.

Kurnitzsky, H. (1994): Der heilige Markt. Frankfurt am Main: Suhrkamp.

Lämmle, R. (2013): Poetik des Satyrspiels. Heidelberg: Winter.

Lane Fox, R. (2011): Reisende Helden. Die Anfänge der griechischen Kultur im Homerischen Zeitalter. Stuttgart: Klett-Cotta.

Leege, O. (2011): Religionswissenschaft, Religionsgeschichte und die moderne Kultur bei Hermann Usener und Walter F. Otto. In: Espagne, M./Rabault-Heuerhahn, P. (Hrsg.): Hermann Usener und die Metamorphosen der Philologie. Wiesbaden: Harrassowitz, S. 235-252.

Lepenies, W. (1998): Melancholie und Gesellschaft. Frankfurt am Main: Suhrkamp.

Lepenies, W. (2006): Die drei Kulturen. Soziologie zwischen Literatur und Wissenschaft. 3. Aufl. Frankfurt am Main: Fischer.

Lévi-Strauss, C. (1977): Der Weg der Masken. Frankfurt am Main: Suhrkamp.

Lichau, K. (2000): Die offene Maske. Zur Inszenierung des Körpers durch „häßliche Gesichter". Berlin: Logos.

Louppe, L. (2009): Poetik des zeitgenössischen Tanzes. Bielefeld: transcript.

Mannack, Th. (2002): Griechische Vasenmalerei. Eine Einführung. Darmstadt: WBG (Theiss).

Mannhardt, W. (1904): Wald- und Feldkulte. 2. Aufl. Berlin: Gebrüder Borntraeger.

Mannhardt, W. (1998): Mythologische Forschungen. Hildesheim u. a.: Olms.

Mannhardt, W. (2010): Die Götterwelt der deutschen und nordischen Völker. Leipzig: Bohmeier.

Mannhardt, W. (2010a): Die Geschichte des Weihnachtsfests. Leipzig: Bohmeier.

Marchal, St. (2008): Der stürzende Ikarus in der Skulptur von Rodin bis heute. Saarbrücken: Verlag Dr. Müller.

Markschies, Chr. (1995): Gibt es eine „Theologie der gotischen Kathedrale"? Heidelberg: Winter.

May, M./*Goßens*, P./*Lehmann*, J. (Hrsg.) (2012): Celan-Handbuch. Leben – Werk – Wirkung. Stuttgart-Weimar: Metzler.

Meinzenbach, S. (2010): Neue alte Weiblichkeit. Frauenbilder und Kunstkonzepte im Freien Tanz: Loïe Fuller, Isadora Duncan und Ruth St. Denis zwischen 1891 und 1934. Marburg: Tectum.

Menninghaus, W. (1980): Paul Celan. Magie der Form. Frankfurt am Main: Suhrkamp.

Menninghaus, W. (1980a): Walter Benjamins Theorie der Sprachmagie. Frankfurt am Main: Suhrkamp.

Merkelbach, R. (1980): Der Kult der Hestia im Prytaneion der griechischen Städte. In: Zeitschrift für Papyrologie und Epigraphik 37, S. 77-92.

Meuli, K. (1975): Gesammelte Abhandlungen. 2 Bde. Basel-Stuttgart: Schwabe & Co.

Müller, R. (2008): Jahwe als Wettergott. Studien zur althebräischen Kultlyrik anhand ausgewählter Psalmen. Berlin-New York: de Gruyter.

Niehaus, M. (1981): Isadora Duncan. Leben, Werk, Wirkung. Wilhelmshaven: Heinrichshofen's Verlag.

Nilsson, M. P. (1995): Griechische Feste von religiöser Bedeutung mit Ausschluss der Attischen. 2. Aufl. Neudruck der Erstauflage (1906). Mit einer Einführung von Fritz Graf. Stuttgart-Leipzig: Teubner.

Noemi, T. (2013): Wille und Passion. Der Liebesbegriff bei Heidegger und Arendt. Frankfurt am Main: Suhrkamp.

Olschanski, R. (2001): Maske und Person. Göttingen. Vandehoeck & Ruprecht.

Olschner, L. (2014): Paul Celan. Frankfurt am Main: Suhrkamp.

Ortega Y Gasset, J. (1933): Über die Liebe. Stuttgart-Berlin: Deutsche Verlags-Anstalt.

Otto, W. F. (1923): Der Geist der Antike und die christliche Welt. Bonn: Friedrich Cohen.

Otto, W. F. (1955): Die Gestalt und das Sein. Darmstadt: WBG.

Otto, W. F. (1956): Menschengestalt und Tanz. München: Rinn.

Otto, W. F. (1956a): Theophania. Der Geist der altgriechischen Religion. Reinbek bei Hamburg: Rowohlt.

Otto, W. F. (1962): Das Wort der Antike. Darmstadt: WBG.

Otto, W. F. (1963): Die Wirklichkeit der Götter. Von der Unzerstörbarkeit griechischer Weltsicht. Reinbek bei Hamburg: Rowohlt.

Otto, W. F. (1963a): Mythos und Welt. Darmstadt: WBG.

Otto, W. F. (1971): Die Musen und der göttliche Ursprung des Singens und Sagens. 3. unver. Aufl. Darmstadt: WBG.

Otto, W. F. (1976): Die Manen oder von den Urformen des Totenglaubens. Eine Untersuchung zur Religion der Griechen, Römer und Semiten und zum Volksglauben überhaupt. Darmstadt: WBG.

Otto, W. F. (1987): Die Götter Griechenlands. Das Bild des Göttlichen im Spiegel des griechischen Geistes. 8. Aufl. Frankfurt am Main: Klostermann.

Otto, W. F. (1996): Dionysos. 6. Aufl. Frankfurt am Main: Klostermann.

Petermann, W. (2004): Geschichte der Ethnologie. Wuppertal: Hammer.

Philipp, M. (Hrsg.) (2014): Dionysos. Rausch und Ekstase. Ausstellung und Katalog. Bucerius Kunst Forum, Hamburg/Staatliche Kunstsammlungen Dresden. München: Hirmer.

Preußer, H.-P./*Rétif*, F./*Rytz*, J. (Hrsg.) (2012): Pandora. Zur mythischen Genealogie der Frau. Heidelberg: Winter.

Rathmayr, B. (2013): Die Frage nach dem Menschen. Eine Historische Anthropologie der Anthropologien. Opladen: Barbara Budrich.

Reinhardt, K. (1960): Vermächtnis der Antike. Göttingen: Vandenhoeck & Ruprecht.

Reinstadtler-Rettenbacher, K. (2013): Die religionsgeschichtliche Entwicklung der Erinyen. Hamburg: Kovac.

Renger, A.-B. (2011): Zwischen Märchen und Mythos. Die Abenteuer des Odysseus und andere Geschichten von Homer bis Walter Benjamin. Stuttgart-Weimar: Metzler.

Ries, W. (2000): Griechische Tragiker zur Einführung. Hamburg: Junius.

Röttgers, K./*Schmitz-Emans*, M. (Hrsg.) (2009): Masken. Essen: Die Blaue Eule.

Rohde, E. (1910): Psyche. Seelenkult und Unsterblichkeitsglaube der Griechen. Tübingen: Mohr.

Roscher (1993): Wilhelm Heinrich Roscher: Ausführliches Lexikon der griechischen und römischen Mythologie. Leipzig1884-1996. Nachdruck. Hildesheim u. a.: Olms.

Schadewaldt, W. (1944): Von Homers Welt und Werk. 2. Aufl. Stuttgart: Koehler.

Schadewaldt, W. (1991): Die griechische Tragödie: Aischylos. Sophokles. Euripides. Tübinger Vorlesungen Band 4. Frankfurt am Main: Suhrkamp.

Schlesier, R. (1994): Kulte, Mythen und Gelehrte. Anthropologie der Antike seit 1800. Frankfurt am Main: Fischer.

Schlesier, R. (1995): „Arbeiter in Useners Weinberg". Anthropologische und antike Religionsgeschichte in Deutschland nach dem Ersten Weltkrieg. In: Flashar, H. (Hrsg.). Altertumswissenschaft in den 20er Jahren. Neue Fragen und Impulse. Stuttgart: Steiner, S. 329-380.

Schlesier, R. (1998): „Dieser mystische Gott". Dionysos im Spiegel von Karl Otfried Müllers Religionstheorie. In: Calder III, W. M./Schlesier, R. (Hrsg.): Zwischen Rationalismus und Romantik. Karl Otfried Müller und die antike Kultur. Hildesheim: Weidmann, S. 397-421.

Schlesier, R. (2010): Orpheus, der zerrissene Sänger. In: Avanessian, A./Brandstetter, G./Hofmann, F. (Hrsg.): Die Erfahrung des Orpheus. München: Fink, S. 45-60.

Schlesier, R. (Hrsg.) (2011): A Different God? Dionysos and Ancient Polytheism. Berlin-New York: De Gruyter.

Schlesier, R./*Martínez*, R. S. (Hrsg.) (2006): Neuhumanismus und Anthropologie des griechischen Mythos. Karl Kerényi im europäischen Kontext des 20. Jahrhunderts. Locarno: Rezzonico Editore.

Schmaus, M. (2014): Ingeborg Bachmann. Epoche – Werk – Wirkung. München: Beck.

Schönherr-Mann, H.-M. (2005): Sartre. Philosophie als Lebensform. München: Beck.

Schulz-Nieswandt, F. (2004): Geschlechterverhältnisse, die Rechte der Kinder und Familienpolitik in der Erwerbsarbeitsgesellschaft. Berlin: LIT.

Schulz-Nieswandt, F. (2006): Variationen über Frau-Sein. Anthropologische Studien zu Zeichnungen von Elias Maya. Münster: LIT.

Schulz-Nieswandt, F. (2006a): Sorgearbeit, Geschlechterordnung und Altenpflegeregime in Europa. Berlin: LIT.

Schulz-Nieswandt, F. (2006b): Die Unbedingtheit der Gabeethik und die Profanität der Gegenseitigkeitsökonomik. Die genossenschaftliche Betriebsform als Entfaltungskontext der menschlichen Persönlichkeit im Lichte einer Form-Inhalts-Metaphysik. In: Rösner, H. J./Schulz-Nieswandt, F. (Hrsg.): Zur Relevanz des genossenschaftswissenschaftlichen Selbsthilfegedankens. Münster: LIT, S. 57-92.

Schulz-Nieswandt, F. (2009): Paul Tillichs Onto(theo)logie der Daseinsbewältigung und die Fundierung der Wissenschaft von der Sozialpolitik. In: Danz, Chr./Schüßler, W./ Sturm, E. (Hrsg.): Religion und Politik. Internationales Jahrbuch für die Tillich-Forschung. Bd. 4. Berlin: LIT, S. 125-138.

Schulz-Nieswandt, F. (2010): Medizinkultur im Wandel? Berlin: Duncker & Humblot.

Schulz-Nieswandt, F. (2012): Gemeinschaftliches Wohnen im Alter in der Kommune. Das Problem der kommunalen Gastfreundschaftskultur gegenüber dem *homo patiens*. Berlin: Duncker & Humblot.

Schulz-Nieswandt, F. (2013): Der leidende Mensch in der Gemeinde als Hilfe- und Rechtsgenossenschaft. Berlin: Duncker & Humblot.

Schulz-Nieswandt, F. (2013a): Das Privatisierungs-Dispositiv der EU-Kommission. Das ontologische Existenzial der Daseinsvorsorge, die sakrale Doxa des Binnenmarktes und die „kafkaistischen" Epiphanien der Regulationskultur. Berlin: Duncker & Humblot.

Schulz-Nieswandt, F. (2013b): Der inklusive Sozialraum. Psychodynamik und kulturelle Grammatik eines sozialen Lernprozesses. Baden-Baden: Nomos.

Schulz-Nieswandt, F. (2014): Onto-Theologie der Gabe und das genossenschaftliche Formprinzip. Baden-Baden: Nomos.

Schulz-Nieswandt, F. (2015): Großstadt und Moderne, Raum und Mobilität. Studien zur strukturalen Psychodynamik der öffentlichen Daseinsvorsorge. Berlin: Duncker & Humblot (i. V.).

Simon, E. (1998): Die Götter der Griechen. München: Hirmer.

Sinn, U. u. a. (2013): Dionysos. Gott des Weines – Hüter des Theaters. Katalog (der gleichnamigen) Ausstellung (im Lindenau-Museum Altenburg) vom 16. März bis 9. Juni 2013. Altenburg: Lindenau-Museum.

Sorgner, St. L./*Schramm*, M. (Hrsg.) (2010): Musik in der antiken Philosophie. Würzburg: Königshausen & Neumann.

Soyka, A. (Hrsg.) (2012): Tanzen und tanzen und nichts als tanzen. Tänzerinnen der Moderne von Josephine Basker bis Mary Wigman. Berlin: AvivA.

Stavru, A. (2001): Hölderlin und die „Flucht des Göttlichen". Martin Heidegger und Walter F. Otto in Rom (1936-1937). In: Studi germanici 39, S. 269-310.

Stavru, A. (2002): Eine Begegnung im Zeichen Hölderlins. Walter F. Otto und Martin Heidegger 1927 bis 1937. In: Jahrbuch der Deutschen Schillergesellschaft 46, S. 309-325.

Steiner, W. (1993): Rausch – Revolte – Resignation. Eine Vorgeschichte der poetischen Moderne von Novalis bis Georg Heym. Wien: VWGÖ.

Stern, C. (1996): Isadora Duncan – Sergej Jessenin. Berlin: Rowohlt.

Stiewe, B. (2011): Der „Dritte" Humanismus. Aspekte deutscher Griechenrezeption vom George-Kreis bis zum Nationalsozialismus. Berlin-New York: de Gruyter.

Stoll, A. (2013): Ingeborg Bachmann. Der dunkle Glanz der Freiheit. Gütersloh: Bertelsmann.

Storch, W. (2010): Orpheus. In: ders. (Hrsg.). Mythos Orpheus. Texte von Vergil bis Ingeborg Bachmann. Stuttgart: Reclam, S. 9-23.

Strässle, Th. (2013): Gelassenheit. Über eine andere Haltung zur Welt. München: Hanser.

Stüdemann, N. (2008): Dionysos in Sparta. Isadora Duncan in Russland. Eine Geschichte von Tanz und Körper. Bielefeld: transcript.

Sünderhauf, E. S. (2004): Griechensehnsucht und Kulturkritik. Die deutsche Rezeption von Winckelmanns Antikenideal 1840-1945. Berlin: Akademie Verlag.

Svilar, M. (Hrsg.) (1983): „Und es ward Licht". Zur Kulturgeschichte des Lichts. Bern-Frankfurt am Main: Lang.

Szlezák, Th. A. (Hrsg.) (2005): Wolfgang Schadewaldt und die Gräzistik des 20. Jahrhunderts. Hildesheim u. a.: Olms.

Taussig, M. (1997): Mimesis und Alterität. Eine eigenwillige Geschichte der Sinne. Hamburg: eva.

Tellenbach, H. (2011): Melancholie. Problemgeschichte, Endogenität, Typologie, Pathogenese, Klinik. Berlin: Springer.

Tesch, J./*Hollmann*, E. (Hrsg.) (1999): Kunst! Das 20. Jahrhundert. 2., erg. u. korr. Aufl. München u. a.: Prestel.

Tetzlaff, I. (1980): Griechische Vasenmalerei. Köln: DuMont.

Tillich, P. (1987): Systematische Theologie. 2 Bde. Berlin-New York: de Gruyter.

Tillich, P. (1991): Der Mut zum Sein. Berlin-New York: de Gruyter.

Tillich, P. (1991a): Liebe – Macht – Gerechtigkeit. Berlin-New York: de Gruyter.

Tölle, R. (1964): Frühgriechische Reigentänze. Waldsassen/Bayern: Stiftland-Druckerei und Verlag.

Unglaub, E. (2001): Steigen und Stürzen. Der Mythos von Ikarus. Frankfurt am Main: Lang.

Valcarenghi, M. (1998): Beziehungen. Vom Wir zum Ich. Theseus und Ariadne; Hades und Persephone. Leinfelden-Echterdingen: Bonz.

Vernant, J. P. (1988): Tod in den Augen. Figuren des Anderen im griechischen Altertum: Artemis und Gorgo. Frankfurt am Main: Fischer.

Vernant, J. P. (1995): Mythos und Religion im Alten Griechenland. Frankfurt am Main-New York: Campus – Paris: Edition Pandora.

Vernant, J.-P. (1996): Der maskierte Dionysos. Berlin: Wagenbach.

Vorgrimler, H. (2008): Geschichte des Paradieses und des Himmels. München: Fink.

Walter, H. (2001): Pans Wiederkehr. Der Gott der griechischen Wildnis. München: dtv.

Wedner, S. (1994): Tradition und Wandel im allegorischen Verständnis des Sirenenmythos. Ein Beitrag zur Rezeptionsgeschichte Homers. Frankfurt am Main: Lang.

Weege, F. (1976): Der Tanz in der Antike. Nachdruck der Ausgabe von 1926. Galle/ Saale: Niemeyer.

Wehle, W. (Hrsg.) (2000): Über die Schwierigkeiten (s)ich zu sagen. Horizonte literarischer Subjektkonstitution. Frankfurt am Main: Klostermann.

Weihe, R. (2004): Die Paradoxie der Maske. Geschichte einer Form. München: Fink.

Wessels, A. (2003): Ursprungzauber. Zur Rezeption von Hermann Useners Lehre von der religiösen Begriffsbildung. Berlin-New York: de Gruyter.

Wilamowitz-Moellendorff, U. v. (1959): Der Glaube der Hellenen. (1931). 3., durchgeseh. Aufl. 2 Bde. Darmstadt: WBG.

Wimmer, G. (Hrsg.) (2014): Ingeborg Bachmann und Paul Celan. Historisch-poetische Korrelationen. Berlin-New York: de Gruyter.

Winterstein, A. (1925): Der Ursprung der Tragödie. Ein psychoanalytischer Beitrag zur Geschichte des griechischen Theaters. Leipzig u. a.: Internationaler Psychoanalytischer Verlag.

Zill, R. (2008): Grenze. In: Konersmann, R. (Hrsg.). Wörterbuch der philosophischen Metaphern. 2. Aufl. Darmstadt: WBG, S. 135-146.

Zilling, H. M. (2011): Jesus als Held. Odysseus und Herakles als Vorbilder christlicher Heldentypologie. Paderborn: Schöningh.

Zschätsch, A. (2001): Verwendung und Bedeutung griechischer Musikinstrumente in Mythos und Kult. Rahden/Westf.: VML.

Zeitfracht Medien GmbH
Ferdinand-Jühlke-Straße 7
99095 Erfurt, Deutschland
produktsicherheit@kolibri360.de